人居
环境

名 桥

人居环境编委会　编著

中国大百科全书出版社

图书在版编目（CIP）数据

名桥 / 人居环境编委会编著 . -- 北京 ： 中国大百科全书出版社， 2025. 1. --（人居环境）. -- ISBN 978-7-5202-1722-4

Ⅰ．K917-49

中国国家版本馆 CIP 数据核字第 2025VT4270 号

总 策 划：刘　杭　　郭继艳
策划编辑：张志芳
责任编辑：张志芳
责任校对：邵桄炜
责任印制：王亚青
出版发行：中国大百科全书出版社有限公司
地　　址：北京市西城区阜成门北大街 17 号
邮政编码：100037
电　　话：010-88390811
网　　址：http://www.ecph.com.cn
印　　刷：唐山富达印务有限公司
开　　本：710mm×1000mm　1/16
印　　张：10
字　　数：100 千字
版　　次：2025 年 1 月第 1 版
印　　次：2025 年 1 月第 1 次印刷
书　　号：ISBN 978-7-5202-1722-4
定　　价：48.00 元

—— 总 序

这是一套面向大众、根植于《中国大百科全书》第三版（以下简称百科三版）的百科通俗读物。

百科全书是概要记述人类一切门类知识或某一门类知识的完备的工具书。它的主要作用是供人们随时查检需要的知识和事实资料，还具有扩大读者知识视野和帮助人们系统求知的教育作用，常被誉为"没有围墙的大学"。简而言之，它是回答问题的书，是扩展知识的书。

中国大百科全书出版社从1978年起，陆续编纂出版了《中国大百科全书》第一版、第二版和第三版。这是我国科学文化建设的一项重要基础性、标志性、创新性工程，是在百年未有之大变局和中华民族伟大复兴全局的大背景下，提升我国文化软实力、提高中华文化国际影响力的一项重要举措，具有重大的现实意义和深远的历史意义。

百科三版的编纂工作经国务院立项，得到国家各有关部门、全国科学文化研究机构、学术团体、高等院校的大力支持，专家、学者5万余人参与编纂，代表了各学科最高的专业水平。专家、作者和编辑人员殚精竭虑，按照习近平总书记的要求，努力将百科三版建设成有中国特色、有国际影响力的权威知识宝库。截至2023年底，百科三版通过网站（www.zgbk.com）发布了50余万个网络版条目，并陆续出版了一批纸质版学科卷百科全书，将中国的百科全书事业推向了一个新的高度。

重文修武，耕读传家，是我们中国人悠久的文化传承。作为出版人，我们以传播科学文化知识为己任，希望通过出版更多优秀的出版物来落实总书记的要求——推动文化繁荣、建设中华民族现代文明，努力建设中国式现代化强国。

为了更好地向大众普及科学文化知识，我们从《中国大百科全书》第三版中选取一些条目，通过"人居环境""科学通识""地球知识""工艺美术""动物百科""植物百科""渔猎文明""交通百科"等主题结集成册，精心策划了这套大众版图书。其中每一个主题包含不同数量的分册，不仅保持条目的科学性、知识性、准确性、严谨性，而且具备趣味性、可读性，语言风格和内容深度上更适合非专业读者，希望读者在领略丰富多彩的各领域知识之时，也能了解到书中展示的科学的知识体系。

衷心希望广大读者喜爱这套丛书，并敬请对书中不足之处给予批评指正！

《中国大百科全书》编辑部

"人居环境"丛书序

　　人居环境科学理论与实践是中国改革开放 40 周年的标志性成果之一。1993 年，吴良镛、周干峙与林志群在中国科学院技术科学部大会上提出建立"人居环境学"设想，将其作为一种以人与自然协调为中心、以居住环境为研究对象的新的学科群。2012 年，吴良镛获得 2011 年度国家最高科技奖，国家最高科学技术奖评审委员会评审意见认为："吴良镛院士是我国人居环境科学的创建者。他建立了以人居环境建设为核心的空间规划设计方法和实践模式，为实现有序空间和宜居环境的目标提供理论框架。"这意味着人居环境科学已得到学界的认可。

　　人居环境科学是涉及人居环境有关的多学科交叉的开放的学科群组。人居环境科学强调"建筑—城乡规划—风景园林"三位一体，作为人居环境科学的核心，地理学、生态学、环境科学、遥感与信息系统等是与人居环境科学关系密切的外围学科，以上这些学科共同构成了开放的人居环境科学学科体系。可见，人居环境科学的融合与发展离不开运用多种学科的成果，特别要借重各自的相邻学科的渗透和展拓，来创造性地解决复杂的实践中的问题。

　　人居环境是人居环境科学理论与实践的研究对象,其建设意义重大。党的二十大报告将"城乡人居环境明显改善"列入全面建设社会主义现代化国家未来五年的主要目标任务。这充分体现了城乡人居环境建设在党和国家事业发展全局中的重要地位。为此，依托《中国大百科全书》

第三版人居环境科学（含建筑学、风景园林学、城乡规划学）、土木工程、中国地理、作物学等学科内容，编委会策划了"人居环境"丛书，含《中国皇家名园》《中国私家名园》《古建》《古城》《园林》《名桥》《山水田园》《亭台楼阁》《雕梁画作》《植物景观》十册。在其内容选取上，采取"点"与"面"相结合的方式，并注重"古与今""中与西"纵横两个维度，读者可从其中领略人居环境中蕴藏的文化瑰宝。

希望这套丛书能够让更多的读者进一步探索人居环境科学理论与实践体系！

人居环境丛书编委会

目　录

第3章　桥梁施工　71

第4章　世界著名桥梁　97

桥梁发展史

第 1 章

古代桥梁

古代桥梁指 1779 年以前建造的桥梁。

◆ 木、石梁桥

古代桥梁大都是简支梁桥，用树干或石梁横跨小溪而成。在亚洲和南美的河谷中，用植物纤维编成绳索跨越形成索桥。遇到较宽的河，就用大的石桩做成桥墩，上铺石板为梁，做成多孔梁桥。这些桥梁大都是兵士押着奴隶们建成的，供民众日常生活之用。

◆ 古罗马拱桥

罗马帝国时期为军事需要修建了通往各地的大道以通行马车，那时已发明了最初的水泥用于建造河中的石墩。罗马时期最著名的是半圆石拱桥，它比石梁桥具有更大跨度，寿命也比木梁桥更耐久。对于很宽的河流还建造了多孔拱桥。为了解决深水基础的难题，罗马人发明了木桩制造的沉箱，用黏土密封后再灌入混凝土。1800 多年前建成的罗马圣天使桥的沉箱基础仍在。留存下来的罗马石拱桥有很多，有西班牙阿尔坎塔拉跨越塔古斯河的多孔石拱桥（图 1），每孔跨长

13.6～28.8米，法国南部尼姆附近的加尔桥，是高架渡槽桥（图2），桥的长度第一层142米、第二层242米、第三层275米，采用3层半圆拱结构。

图1　西班牙阿尔坎塔拉桥

图2　法国尼姆城的加尔桥

罗马帝国覆灭后，欧洲进入中世纪，桥梁建筑技术进步缓慢。最著名的桥梁是建成于1209年的老伦敦桥，该桥为19孔，跨度7.2米，桥上有房子和店铺，使用了600多年后才被拆除。还有1177年所建的法国阿维尼翁的圣贝内泽桥，至今部分残迹尚在。

◆ **文艺复兴时期的木桁架桥和坦拱桥**

文艺复兴以后，意大利建筑师A.帕拉第奥把房屋中的屋架结构移植至桥梁，设计了若干木桁架桥，跨度增加至30米。木桁架桥在欧洲各国得到了发展，1755年瑞士H.格鲁本曼建成了跨度分别为52米和59米的两座跨越莱茵河的木桁架桥。

意大利人B.阿玛提创造了矢跨比1/7的椭圆形拱，于1569年在佛罗伦萨建成了天主圣三桥（图3）。该桥先通过行人，后通行汽车，直至第二次世界大战中被毁。意大利建筑师 A.D. 庞特在 1591 年设计了威尼斯的里阿尔托桥（图 4）。该石拱桥跨度为 27 米，矢高 6 米，用 6000 根木桩作桥台基础以抵抗拱的推力，这一技术至今仍被应用。18 世纪中叶，法国工程师 J.R. 帕若纳特设计了许多坦拱桥，其中最著名的是 1791 年建成的跨越塞纳河的巴黎协和桥（图 5）。

图 3　意大利佛罗伦萨的天主圣三桥

图 4　意大利威尼斯的里阿尔托桥

◆ **中国古代桥梁**

中国古代桥梁主要是以木梁、木桩、石梁、石墩为主的梁式桥，但浮桥和索桥均首创于中国。公元前 1142 年周文王所建的渭河浮桥比世界公认的波斯王大流士所建的博斯普鲁斯海峡浮桥要早 649 年。

中国隋朝（581 ～ 618）

图 5　法国巴黎的协和桥

李春所建的河北赵州桥是拱桥的杰作，比罗马拱桥晚了约 500 年。赵州桥主跨 37 米，矢高仅 7 米，矢跨比 1/5，且采用减轻重量的空腹拱。欧洲直到 18 世纪中叶才出现空腹式拱桥。

中国的木伸臂梁桥也是独创的桥型。北宋汴梁（今开封）清明上河图中的虹桥（图6），中国称为"贯木拱桥"（或扁梁木拱桥），桥跨约20米，为世界桥梁史上独有。宋代以后全国建造这类桥梁甚多，遍布福建、浙江两省。

图6 《清明上河图》上的虹桥

中国的索桥，最早称"笮桥"，由竹或藤编成。两汉时期在云南、贵州、四川、青海、甘肃、新疆等地均普遍采用。四川大渡河泸定铁索桥建于1706年（图7）。据英国 J. 李约瑟考证：人们觉得有这样的理论，就是在整个事情的发展过程中，一定有一系列的影响是从中国的铁索桥流传到文艺复兴

图7 大渡河泸定桥

时期和近代欧洲工程师们那里，虽然我们还不可能阐明发展的全部过程。《徐霞客游记》和法国传教士的《中国奇迹览胜》两本书中记载了大量中国索桥，而西方则是在18世纪末才开始建造最初的悬索桥。

近代桥梁

近代桥梁指1779～1945年建造的桥梁。

◆ 铸铁拱桥

1700年英国工业革命后，传统的木、石等天然材料逐渐被铸铁所

替代。第一座铁桥是跨越英国塞文河的铸铁拱桥，铁桥于 1779 年建成，此桥由 T. 帕瑞查德设计，A. 达迪施工，跨度 30.65 米（图 1）。它标志

着西方用木石建造桥梁时代的终结，也被称为西方近代第一桥。但此桥比中国隋朝开皇年间已出现的铁链索桥晚了 1000 多年。

图 1　英国柯尔布鲁克代尔桥

1795 年，英国塞文河流域发生洪灾，大部分石拱桥都被冲毁。由于铸铁拱桥是空心的结构，阻水面积小，柯尔布鲁克代尔桥是唯一幸存的桥梁。此后，苏格兰工程师 T. 泰尔福根据这一经验建造了许多更大跨度的铸铁拱桥，如 1814 年建成的苏格兰跨越斯配河、跨度为 46 米的克雷拉奇桥（图 2）。

◆ **锻铁吊桥**

更经济的锻铁问世后，泰尔福开始设想用锻铁眼杆建造吊桥，1826 年他在威尔士的梅奈海峡建成了跨度达 174 米的梅奈桥（图 3），此桥成为当时最大跨度的桥梁。1893 年，该桥的木桥面被更换为钢桥面，随后在 1940 年，又用钢缆更换了已锈蚀的锻铁眼杆，至 2017 年仍在使用。

图 2　苏格兰克雷拉奇桥

图 3　威尔士梅奈桥

◆ 铁路桥

英国工业革命造就了近代科学技术，材料和机械的不断进步，加上蒸汽机车和铁路的出现以及炼钢法的诞生，使19世纪成为铁路和钢桥的时代。

1850年，英国工程师R.斯蒂芬森设计了第一座跨度140米的锻铁

箱梁桥——不列颠桥（图4），火车可在锻铁制造的箱梁中通行。此桥原计划从桥塔上用悬索加强，后通过理论计算和试验证明并不需要，却留下了无用的顶部带孔的高塔。

图4 英国不列颠桥

19世纪下半叶法国工程师 G.埃菲尔建造了4座铁路桁架桥和两座拱桥。其中，1877年在葡萄牙波尔图附近跨越杜罗河的玛丽亚皮娅拱桥，跨度达到157米，矢高42米；1884年在法国桑特弗卢附近建成跨越特吕耶尔河的加拉比拱桥，跨度为162米。1867年，德国工程师H.格贝尔在木桁架的启发下建造了第一座跨度为38米的悬臂桁架桥。

1841年，移居美国的德国工程师J.罗布林建立一个工厂，用锻铁丝生产缆索作为悬索桥的主缆，以代替锻铁眼杆；后来出现的空中编缆法避免了预制缆索吊装的困难。1855年，他在西纽约州建成了一座跨越尼亚加拉河的、跨度246米的铁路悬索桥。为了提高刚度以避免振动，还增加了辅助斜拉索。虽然由于悬索桥的刚度较小，要求列车只能以5

千米/时缓慢通过，但此桥还是服务了42年。

◆ **钢桥**

第一座完全采用钢材建造的桥梁始于1874年，美国工程师J.B.伊兹设计建造了三孔公铁两用钢拱桥，中跨156米，两个边跨151米，用气压沉箱建造基础，并用悬臂拼装法进行拱圈施工。

1890年由英国工程师B.贝克设计的、与J.福勒合作建成的苏格兰福斯湾桥，主跨513米，为铁路悬臂钢桁架桥。

1869年，J.罗布林主持兴建纽约布鲁克林桥，不久便因病去世，由其儿子和儿媳继续完成这一工程。

施工的困难拖延工期，该桥采用了镀锌防腐的钢丝编成主缆，于14年后的1883年完成了主跨479米的公路悬索桥。这座桥梁和苏格兰福斯湾桥一起代表了19世纪钢桥的最高成就（图5）。

图5 美国布鲁克林桥

进入20世纪30年代后，悬索桥在美国得到快速发展，其代表性桥梁有：由O.安曼设计的乔治·华盛顿大桥，跨度1067米，1931年建成（图7）；由J.施特劳斯设计的圣弗朗西斯科金门大桥，跨度1280米，1937年建成（图6）。与此同时，钢拱桥也得到了发展，美国的G.林德霍尔设计的

图6 美国金门大桥

美国培虹桥，跨度 510 米，于 1931 建成（图 7）；R. 弗里曼设计的澳大利亚悉尼港拱桥，跨度 503 米，于 1932 建成（图 8）。它们代表了钢拱桥的杰出成就。

图 7 美国培虹桥

图 8 澳大利亚悉尼港拱桥

1888 年，奥地利学者 J. 梅兰发表了悬索桥的挠度理论，提出随着跨度的增加，主缆的重力刚度可降低对桥面刚度的要求。这一理论在 1930 年后开始影响悬索桥的设计者，使桥面高度减小以获得更美观的外形和经济的效果。

1940 年秋，建成仅 4 个月的华盛顿州塔科马桥（主跨为 840 米，梁高仅 2.4 米，高跨比仅 1：350）在不足 20 米/秒的风速下发生弯扭耦合颤振（风致自激振动），经过 40 分钟不断加大的扭转振动，终于在 40°扭角时吊杆被拉断，并使桥面折断坠入河谷中。

塔科马桥风毁后，工程师回到了采用刚度较大的桁架桥面。经过 30 年的研究，美国 R.H. 斯坎伦创立了桥梁抗风理论，也为此后更大跨度的悬索桥和斜拉桥的建设提供了理论依据。

◆ 钢筋混凝土桥

1824 年，英国 J. 阿斯普丁发明了波特兰水泥，开始了混凝土结构的历史。1867 年，法国花匠 J. 莫尼发现在水泥砂浆的花盆中放入铁丝网可以更牢固和耐久，并申请了钢筋混凝土的专利。1872 年，莫尼在房屋结构中使用钢筋混凝土，1875 年他又建造了世界第一座跨度 13.8 米的钢筋混凝土人行桥。此后，许多学者研究了钢筋混凝土的受力性质，建立了设计理论，有力地推动了钢筋混凝土结构的发展。1898 年法国工程师 F. 埃纳比克设计建成了跨度达到 50 米的钢筋混凝土拱桥——夏特罗桥（图 9），成了 19 世纪另一重大桥梁成就。

　　进入 20 世纪后，钢筋混凝土桥已成为中小跨度桥梁的主要型式，许多研究者成了 1929 年成立的国际桥梁与结构工程学会的积极推动者，各国都制定了钢筋混凝土桥梁的设计规范，不同跨度的钢筋混凝土桥梁相继建成。其中有：法国 E. 弗雷西奈于 1923 年设计建成跨越塞纳河的、主跨为 132 米的钢筋混凝土箱形拱桥；1930 年，弗雷西奈又建成了跨越埃洛恩河口、主跨达 176 米的普卢加斯泰勒桥；1943 年这一纪录被瑞典跨越安路曼河的、主跨 260 米的桑德岛桥打破（图 10）。

图 9　法国夏特罗桥

图 10　瑞典桑德岛桥

　　瑞士工程师 R. 马亚尔自 1901 年起就在瑞士建造钢筋

混凝土拱桥，跨度从 37.5 米的楚奥茨桥增大至 50 米的塔瓦纳萨桥。最著名的是建成于 1930 年的主跨为 89 米的镰刀形拱桥—— 塞金纳特伯桥（图 11）。

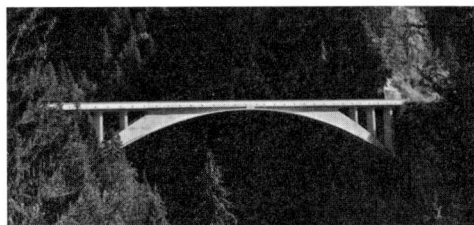

图 11　瑞士的塞金纳特伯桥

◆ **中国近代桥梁**

1876 年，英商在上海私修吴淞铁路，是中国建设铁路和铁路桥的开端。清朝末期修建的铁路钢桥，以京广（北京—广州）铁路和津浦（天津—浦口）铁路的两座黄河桥为代表。前者位于郑州以北，1905 年建成，原桥长 3000 多米，共 102 孔，包括跨度 31.5 米的下承桁架梁 50 孔和跨度 21.5 米的上承桁架梁 52 孔。后者位于济南泺口，1912 年建成，包括跨度 91.5 米简支桁架梁 9 孔和分跨为 128.1 米 +164.7 米 +128.1 米的悬臂桁架梁一组，桥宽 9.4 米，净空可容双线，但承载能力不足，始终只能按单线行车（图 12）。公路桥以 1909 年由德商承建的兰州黄河桥为代表，该桥包括 5 孔跨度各 45.9 米的

图 12　中国济南黄河桥

简支桁架梁。

1933 年在浦口—南京的长江上建成铁路轮渡，沟通了以长江为界的南北铁路。1932 年，由浙江省建设厅动议，邀请茅以升任桥工处处长，罗英任总工程师自主建设公铁两用杭州钱塘江大桥。1934 年 11 月举行

开工典礼，1937 年 9 月下层铁路通车，10 月上层公路通车。同年 7 月抗日战争全面爆发；8 月，日本军侵犯上海；12 月攻占南京、杭州等地。中国为了持久抗日的需要，用上述轮渡及钱塘江桥将华北、华东的大量物资抢运到华中、华南等地。并于 1937 年 12 月将通车不足 3 个月的钱塘江大桥炸断以阻止日军南进。1941 年，中国抗战处于艰难时期，湘桂（湖南—广西）铁路通车到柳州之东，黔桂（贵州—广西）铁路亟待从柳州向西修建，在水泥和钢材短缺的情况下，曾用旧钢轨修建排架和塔架，还将跨度原为 10 ～ 13 米的旧钢板梁制成跨度为 30 米的双柱式桁架梁的上弦，桁架下弦及竖杆均以旧钢轨改制，建成了一座长达 582 米、构造特殊的柳江铁路桥。

现代桥梁

第二次世界大战后，世界进入了相对和平的建设时期，土木工程进入了以计算机应用为标志的"现代土木工程"时代。

◆ 第二次世界大战后世界各国桥梁工程

经过一段时间的战后恢复期，欧美各国于 20 世纪 50 年代陆续开始实施高速公路的建设计划，出现了许多作为现代桥梁工程标志的新技术。

1950 年，德国工程师芬斯特瓦尔德运用法国 E. 弗雷西奈于 1928 年发明的预应力混凝土技术首创了无支架悬臂挂篮施工技术，建成了位于巴尔丁斯坦的兰河桥，其跨度为 62 米。随后，他于 1952 年又建成了第一次突破 100 米跨度的沃尔姆斯莱茵河桥，跨度为 114.2 米。

20 世纪 50 年代初，德国 F. 莱昂哈特在修复德国莱茵河钢桥的工作中，创造了各向异性钢桥面板，以代替战前钢桥上普遍采用的钢筋混凝土桥面板，减轻了自重，为现代钢桥向大跨度发展创造了条件。

1956年，德国工程师迪辛格在瑞典成功地建造了第一座主跨为182.6米的现代斜拉桥斯特勒姆松德桥（图1），成为此后一系列莱茵河桥采用斜拉桥的先声。

图1 瑞典斯特勒姆松德桥

莱昂哈特首创的斜拉桥施工控制"倒退分析法"，在他1958年设计的杜塞尔多夫北桥中得到了成功应用（图2）。

1959年，德国首创用下承式移动托架施工方法建造了凯蒂格尔坡桥，以后又从托架上的现场浇筑发展成预制节段拼装的工法。

图2 德国杜塞尔多夫北桥

1959～1962年，莱昂哈特创立的设计公司发明了顶推法施工新技术，并于1964年建成了世界第一座用顶推法施工的总长500米的委内瑞拉卡罗尼河桥。

法国工程师B.马勒于1964年在设计建造全长3千米的奥雷龙岛跨海大桥中首创用上层移动支架（又称造桥机）进行预制节段的悬拼施工法。

1966年，流线型箱梁悬索桥问世，即由英国弗里曼＆福克斯公司的总工程师韦克斯所设计的、主跨为988米的赛文桥（图3）。

1967年，德国洪贝格在设计德国波恩市北桥时首次采用单索面密索体系斜拉桥，使斜拉桥更为美观（图4）。

1971年，法国工程师马勒将德国首创的钢斜拉桥和法国的预应力技术相结合，设计建造了采用预应力混凝土桥塔和桥面的单索面斜拉桥——主跨320米的布鲁顿桥（图5），其中还首创了万吨级的盆式支座和千吨级的成品拉索。

1972年，德国莱昂哈特建造了第一座混合桥面（中跨钢箱梁，边跨混凝土梁）独塔斜拉桥——库尔特－舒马赫桥，其主跨287.6米（图6）。

瑞士梅恩于20世纪70年代创造了一种新桥型——连续刚构桥，并于1979年建成了世界第一座预应力混凝土连续刚构桥——瑞士费嘉桥，其主跨107米。

1980年，梅恩又首创了世界第一座矮塔斜拉桥（板拉桥）——主跨174米的瑞士甘特桥（图7）。此后，梁式

图3　英国赛文桥

图4　德国波恩北桥

图5　法国布鲁顿桥

图6　德国库尔特－舒马赫桥

桥的跨越能力很快超越了 200 米，又于 20 世纪 90 年代突破了 300 米。

预应力技术及施工工法的成熟、斜拉桥的复兴以及钢箱梁悬索桥的

图 7　瑞士甘特桥

图 8　美国帕斯科－肯纳威克桥

图 9　美国阳光高架桥

问世，是战后现代桥梁工程的 3 项标志性的重要发展和成就。它们分别由法国，德国和英国的工程师和学者发明创造，推进了现代桥梁工程的发展。

1978 年，德国莱昂哈特的 LAP 公司把斜拉桥引入美国，建成了华盛顿州主跨 299 米的帕斯科－肯纳威克桥（图 8）。1987 年，法国缪勒也在美国佛罗里达设计建成了主跨 366 米的阳光高架桥（图 9）。此后，在留学德国的邓文中推动下，斜拉桥在美洲得到了迅速推广。

20 世纪 70 年代起，丹麦和日本两个国家开始实施连岛计划。日本从 1975 年的关门大桥起步，到 1998 年建成主跨 1991 米的明石海峡大桥（图 10），1999 年建成多多罗桥（主跨 890 米的斜拉桥），完成了本州—四国 3 条联络线的跨海工程。丹麦

则从 1970 年建成的小海带桥起
步，到 1998 年建成主跨 1624 米
的大带东桥（图 11），接着又和
瑞典合作，于 1999 年建成连接两
国的公路铁路两用、桥隧结合的
厄勒海峡大桥。

在世纪交替之际，欧美各国
建造了一些包含原创技术并具有
里程碑意义的桥梁。主要有以下
几座：①法国诺曼底大桥，属于
混合梁斜拉桥，采用抗雨振拉索，
于 1994 年建成。②瑞士桑尼伯格
桥（图 12），是五跨曲线矮塔斜
拉桥，于 1994 年建成。③希腊里
约 - 安蒂里奥大桥（图 13），采
用加筋土隔震深基础，于 2004 年
建成。④法国米约大桥是顶推施
工的连续斜拉桥，于 2004 年建成。
⑤美国圣弗朗西斯科海湾二桥，
主要特点是带剪力键的抗震塔柱，
于 2012 年建成。⑥土耳其博斯普
鲁斯海峡三桥，是超千米协作体

图 10　日本明石海峡大桥

图 11　丹麦大带东桥

图 12　瑞士桑尼伯格桥

图 13　希腊里约 - 安蒂里奥大桥

系，于 2016 年建成。

◆ **中国现代桥梁工程**

中华人民共和国成立后的第一个五年计划期间，由苏联专家帮助建造了第一座长江大桥——武汉长江大桥（图 14），留苏学生带回了当时苏联的钢桥焊接技术和预应力技术。1953 年，从苏联引进了一批标准图，如 T 形和 Π 形预制钢筋混凝土简支梁桥以及带挂孔的钢筋混凝土悬臂梁桥，推进了中国中小跨度钢筋混凝土梁桥的发展。1959 年，正在建设中的南京长江大桥（图 15）在苏联专家撤走后被迫进行自主建设，于 1968 年建成通车，使京沪铁路直接跨越了长江。

图 14　中国武汉长江大桥　　　图 15　中国江苏南京长江大桥

1976 年以后，中国桥梁建设开始跨越式发展。

1988 年在李国豪的主张下，上海市政府做出了自主建设南浦大桥的决策。南浦大桥的胜利建成促成了 90 年代在全国范围内自主建设大跨度桥梁的高潮，使中国桥梁走出了一条自主建设的成功之路。其中，具有代表性的有以下 12 座桥梁。

杨浦大桥，是跨度为 602 米的斜拉桥（图 16），于 1993 年建成。

万县长江大桥，是世界第一座主跨超过 400 米的钢筋混凝土拱桥（图 17），于 1997 年建成。

江阴长江大桥，是中国第一座主跨超千米的悬索桥，于 1999 年建成。

上海卢浦大桥，是世界第一座跨度超过 500 米的箱形拱桥，于 2003 年建成。

东海大桥，是中国第一座真正意义的跨海大桥，于 2005 年建成。

重庆长江大桥复线桥，是世界第一座主跨超过 300 米的混合刚构桥（图 18），于 2006 年建成。

苏通长江大桥，是世界第一座主跨超千米的斜拉桥（图 19），于 2008 年建成。

西堠门大桥，采用分体箱加劲梁，于 2009 年建成。

大胜关京沪高速铁路大桥，是钢桁拱铁路桥，于 2009 年建成。

图 16　中国上海杨浦大桥

图 17　万县长江大桥

图 18　重庆长江大桥复线桥

图 19　苏通长江大桥

泰州长江大桥，是世界第一座三塔悬索桥，于 2012 年建成。

合江长江大桥，是跨度超过 500 米的钢管混凝土拱桥，于 2012 年建成。

港珠澳大桥，是世界最长跨海桥隧工程，于 2018 年建成。

第 2 章

桥梁类型

梁式桥

梁式桥是以受弯为主的梁作为主要承重构件的桥梁。简称梁桥。

在垂直荷载作用下，支座只产生竖直反力而无水平推力。梁式桥是最古老的桥型之一，因构造简单和施工方便而被广泛采用。

◆ 结构体系

梁式桥按结构体系可以分为简支梁桥、悬臂梁桥、连续梁桥、刚架桥、T 形刚构桥、连续刚构桥和索辅梁桥等。

简支梁桥

主梁简支于桥梁墩台的梁式桥，是受力最简单的静定结构，跨中弯矩最大（图 1）。跨径增大时，主梁内力急剧增大，因而仅适用于中小跨径。简支梁特点是主梁内力不受墩台变位影响，故可用于地基不良的场合；各孔单独受力，如一孔破坏不影响邻孔；构造简单、施工方便，可做成标准设计，以使构件制造工业化、标准化，并可保证质量、降低

图 1　简支梁桥示意图

造价、缩短工期。简支梁桥现多采用预制装配方法施工，即先分片（段）预制主梁，再逐孔架设装配成桥。

中国最早建成的预应力混凝土简支梁桥，是 1956 年建成的跨径 23.9 米的东陇海铁路新沂河桥及跨径 20 米的京周（北京—周口店）公路哑巴河桥，均为装配式 T 梁桥。中国预应力混凝土简支梁桥跨度最大者为 1997 年建成的云南昆明南过境干道高架箱梁桥，跨度 63 米。1937 年建成的钱塘江大桥是中国自行设计并建造的第一座现代公铁两用钢桁架简支梁桥，主跨 65.84 米。1969 年建成的成昆铁路三堆子金沙江单线铁路桥，跨度 192 米，是中国钢桁简支梁桥中跨度最大者。截至 2017 年，世界上混凝土简支梁桥的最大跨度是于 1977 年建成的跨度为 76 米的奥地利阿尔姆桥，采用双向预应力，跨中梁高仅 2.5 米。

悬臂梁桥

将简支梁向一端或两端伸出悬臂的桥梁。又称伸臂梁桥。有单悬臂梁桥（图 2a）和双悬臂梁桥（图 2b）两种型式。由于支点负弯矩的卸载，使锚固孔正弯矩显著减小，内力沿跨长的分布较为均匀，这对恒载占主要比例的公路桥和大跨度桥梁是有利的。悬臂梁桥亦为静定结构，也适用于地质不良的地区。结构整体刚度不如连续梁大，悬臂端挠度较大，

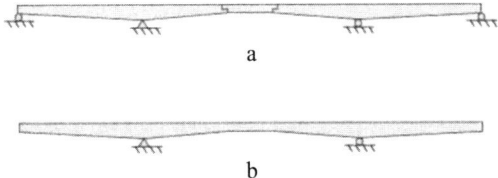

a

b

图 2　单悬臂梁桥和双悬臂梁桥示意图

易形成折角。这些都限制了悬臂梁桥的应用。预应力混凝土悬臂梁桥适合于采用平衡悬臂法（浇筑或拼装）施工，但同连续梁一样，必须在支点处采取临时固结措施。

中国首座钢筋混凝土悬臂梁桥，系 1922 年建成的主跨 36.58 米的上海四川路桥。1964 年建成首座钢筋混凝土箱形悬臂梁桥——广西南宁邕江公路桥，主跨 55 米。1965 年建成的重庆嘉陵江公路桥，是主跨 88 米的钢桁架双悬臂梁桥，挂孔跨径 48 米。世界上预应力混凝土悬臂梁桥的最大跨径为 220 米，系 1976 年建成的阿根廷—乌拉圭的弗赖 – 本托斯桥。世界上钢桁架悬臂梁桥的最大跨径为 1918 年建成的加拿大魁北克桥，主跨 548.6 米。

连续梁桥

主梁在各支点上不间断地连续通过的梁式桥。是超静定结构，跨中正弯矩最大而支点负弯矩（绝对值）最大。由于支点负弯矩的卸载，使跨中正弯矩比同跨简支梁显著减小，且弯矩分布较均匀（图 3）。当跨度较大，恒载占总荷载的比例较大时，采用连续梁便可节省材料，故适用于大、中跨径。连续梁整体刚度大，利于高速行车；动力性能好；一孔破坏时，邻孔可予支持而不坠落；基础不均匀沉降、温度变化、混凝土收缩徐变及预加应力等均会产生附加内力，多用于基础良好的场合。

图 3 连续梁桥示意图

连续梁桥常采用多孔一联，并在联端设置大变形量伸缩装置。

中国首座跨度超百米的预应力混凝土连续梁桥是 1985 年建成的主跨 111 米的湖北省沙洋汉江公路大桥。中国第一座跨越长江的公铁两用钢桁架连续梁桥是 1957 年建成的主跨 128 米的武汉长江大桥。1968 年建成的南京长江大桥，是中国首次自主设计、制造和施工的大型公铁两用钢桁架连续梁桥，主跨 160 米。2001 年建成的南京长江二桥北汊桥为当时此类桥型最大者，主跨 165 米。世界上预应力混凝土连续梁桥的跨度纪录为 1994 年建成的挪威瓦罗德 2 号公路桥，跨度 260 米。钢箱连续梁桥的跨度纪录为 1974 年建成的巴西瓜纳巴拉湾公路桥，跨度 300 米。钢桁架连续梁桥的跨度纪录为 1966 年建成的美国阿斯托里亚公路桥（跨度 375.6 米）和 1991 年建成的日本小林池子桥（跨度 400 米）。

刚架桥

主要承重结构采用刚架的桥梁。又称刚构桥。刚架的腿形成桥的墩（台）身，刚架的梁形成桥跨结构。梁与腿刚性连接，其间无须设置桥梁支座，可用钢、钢筋混凝土或预应力混凝土建造。

当腿和梁垂直相交呈门架形，简称门架桥。因腿所分担的弯矩随腿和梁的刚度比率的提高而增大，这样可适当降低梁高，适用于在建筑高度受限处建造跨线桥。主要形式有：单跨门架桥、双悬臂单跨门架桥、多跨门架桥和三跨两腿门架桥。

当腿斜置时，两腿和梁中部的轴线大致呈拱形，简称斜腿刚架桥，这样，腿和梁所受的弯矩比同跨度的门式刚架桥显著减小，而轴向压力有所增加。同上承式拱桥相比，斜腿刚架桥不需要拱上建筑，构件数目较少。当桥面较窄（如单线铁路桥）而跨度较大时，可将其斜腿在桥的横向放坡，以保证桥的横向稳定。采用钢建造的斜腿刚架桥，腿脚处常设铰。斜腿刚架桥可用于跨度不大的跨线桥，也可用于大跨度桥，尤其是山区的跨谷桥。

T 形刚构桥

悬伸的主梁和桥墩固结，形成 T 字形刚构，即为 T 形刚构桥，简称 T 构。T 构间以挂孔相连即成带挂孔 T 构桥（图 4a），为静定结构。两个 T 构悬臂端以只传递剪力不传递弯矩和轴力的剪力铰连接即成带剪力铰 T 构桥（图 4b），为超静定结构。T 构不需在大跨度时设置昂贵的大型支座，经济性较好。但伸缩缝较多，主梁悬臂端易下挠形成折角，对高速行车不利，因此现已很少使用。除采用箱形主梁外，也可用预应力混凝土桁架做成 T 构桥，以综合发挥桁架和 T 构的优点。

1965 年，中国首次采用悬臂拼装法建成的预应力混凝土 T 构桥，为主跨 50 米的河南汤阴五陵卫河窄轨铁路桥（带铰 T 构）和主跨 33 米的江苏盐河公路桥（带挂孔 T 构）。中国 T 构桥的跨度纪录是 1980 建成的主跨 174 米（挂孔 35 米）的重庆长江大桥。世界上 T 构桥的跨

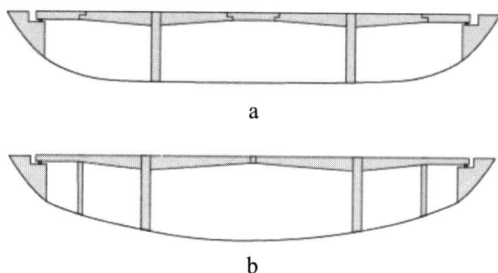

a

b

图 4　T 构桥示意图

度纪录是 1997 年建成的主跨 250 米（带挂孔）的加拿大联邦大桥，全长 13 千米。

连续刚构桥

将连续的主梁与柔性桥墩固结或将 T 形刚构桥的挂孔和剪力铰固结即成连续刚构桥（图 5）。其上部结构主要具有连续梁的受力特点，并综合了 T 构和连续梁的优点，如节省支座、方便悬臂施工等。适用于大跨、高墩场合。多跨连续刚构桥多采用抗压刚度较大而沿桥轴线方向水平抗推刚度较小的双薄壁或单薄壁柔性墩，在通航繁忙的河流上，

图 5 连续刚构桥示意图

必须采取措施防止（或抵抗）薄壁墩遭受船舶的撞击。连续刚构桥可以采用一联多孔布置。对联长较大的连续刚构桥，可在若干中间孔以剪力铰或简支挂梁相连；或可采用连续刚构－连续梁组合体系。

1988 年建成的主跨 180 米的广东广州洛溪大桥是中国第一座预应力混凝土连续刚构桥，此后该桥型在中国得到迅速发展。1997 年建成的虎门大桥副航道桥，主跨 270 米。1998 年挪威建成了斯托尔马桥，主跨 301 米。2006 年中国在重庆修建的石板坡长江大桥复线桥，通过 108 米中段的钢箱梁减轻自重，将连续刚构桥的跨径记录提高到了 330 米。

索辅梁桥

索辅梁桥又称部分斜拉桥或矮塔斜拉桥。其主梁梁高（刚度）较大，

塔较矮，斜拉索的贡献相对较小，斜拉索如同主梁的体外预应力索，受力以梁为主、斜拉索为辅，故仍归入梁式桥类型（图6）。其构造、跨径和用材均介于连续梁桥和普通斜拉桥之间，多用于建筑高度受限制地区。

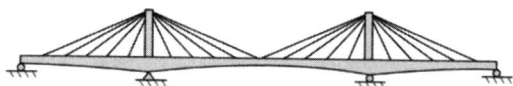

图6　索辅梁桥示意图

2000年建成的主跨312米的安徽芜湖长江大桥，是中国第一座索辅梁桥，也是世界跨度最大的公铁两用索辅梁桥。日本已建成十多座索辅梁桥，跨径最大者为2001年建成的主跨275米的木曾川桥。

◆ **主梁构造**

梁式桥按主梁构造不同可分为实腹梁桥、空腹梁桥（桁架梁桥）和组合梁桥。

实腹梁桥

腹板为实体的钢腹板或混凝土腹板的梁式桥（图7）。其构造简单，施工、维修方便，因此应用广泛。但是，其横截面主要由弯矩决定，而弯矩大小与跨度的平方成正比（均布荷载作用），跨度较大时，主梁截面积和自重较大，而

图7　实腹梁桥

其腹板上的平均法向应力不大，材料利用不充分，因此跨度受到一定限制。实腹梁桥主要采用预应力混凝土梁、钢筋混凝土梁、钢箱梁和钢板梁等。实腹梁桥的横截面形式有板式截面、肋梁式截面和箱形截面3种。

空腹梁桥

腹板为非实体的桁架杆件的梁式桥（图8）。其桁架杆件基本只承受轴向力，材料利用充分，自重较轻，跨越能力较强、刚度较大。一般采用钢材建造，也可采用预应力混凝土或钢筋混凝土，但应用较少。

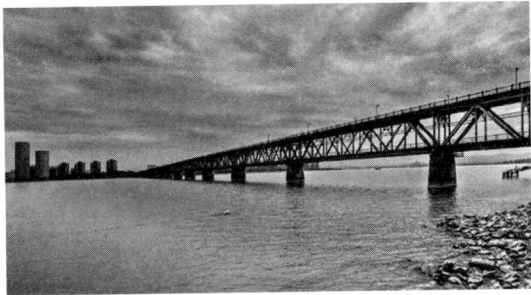

图8 空腹梁桥

钢桁架梁桥中杆件与节点板的连接方式有铆接、栓接和焊接等，以栓接（包括高强螺栓连接）和焊接为主。

组合梁桥

预应力混凝土或钢筋混凝土桥面板与钢板梁、钢箱梁或钢桁梁结合的梁式桥（图9）。也可采用上、下缘预应力混凝土板或钢筋混凝土板，中间用波形钢板或钢桁腹杆进行组合。

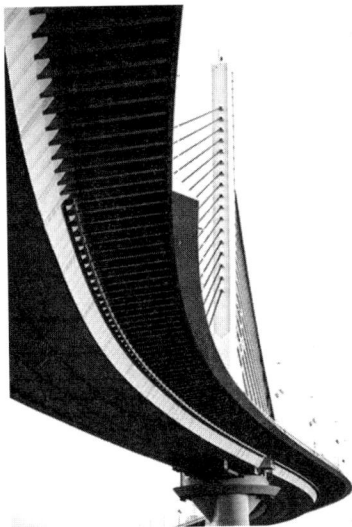

图9 组合梁桥

斜拉桥

斜拉桥是将主梁用多根拉索直接拉在桥塔上的桥梁。又称斜张桥。斜拉桥是由承压的塔、受拉的索和承压弯的梁体组合起来的一种结构体系，可看作是由拉索代替支墩的多跨弹性支承连续梁，梁体内弯矩减小，降低了建筑高度，减轻了结构重量，节省了材料，跨度可超过千米。

◆ 主要组成

斜拉桥的主要组成部分有斜拉索、桥塔、主梁和辅助墩等（图1a）。

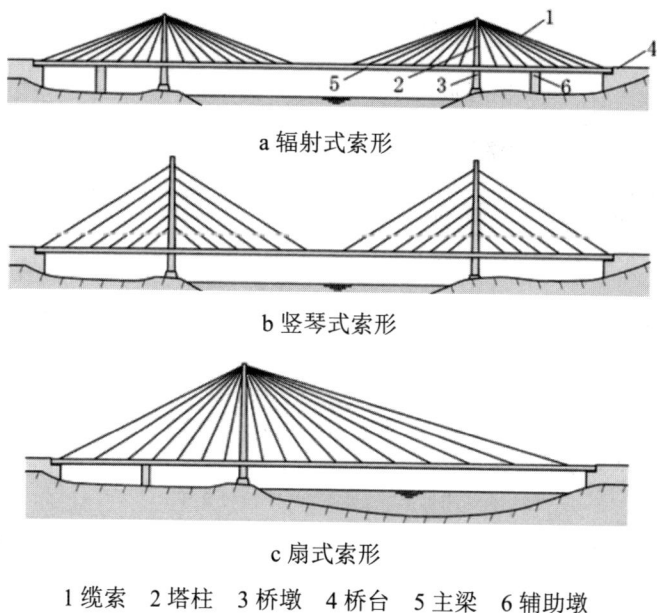

a 辐射式索形

b 竖琴式索形

c 扇式索形

1 缆索　2 塔柱　3 桥墩　4 桥台　5 主梁　6 辅助墩

图1　斜拉桥的构造与索形

斜拉索

用于悬吊主梁，将所受荷载传递给塔柱与桥墩（合称桥塔）。索形布置主要有 3 种：①辐射式（图 1a），斜拉索塔上锚固点集中在塔顶。这种布置最省钢索，更适用于用斜拉索悬吊主梁于桥塔上的漂浮体系。②竖琴式（图 1b），斜拉索皆平行布置宛如竖琴，用钢量最多，但较美观。③扇式（图 1c），是辐射式与竖琴式的折中形式，用钢量居中。

桥塔

支承斜拉索的桥塔结构可用钢筋混凝土或钢材建成，包括塔柱和桥墩两个部分。塔柱与桥墩的连接方式有 3 种：①塔柱与桥墩固结，简称塔墩固结（图 2a、图 2b、图 2c）。这种结构整体稳定性好，主梁支点反力小，施工方便，但墩底承受的弯矩很大。②塔柱与桥墩分开。塔柱与主梁固结，而与桥墩分开，简称塔梁固结（图 2e），可克服墩底弯矩过大的缺点，但主梁中间支点反力很大，要求特大吨位的桥梁支座，引起构造上的困难。③塔柱与桥墩铰接，简称塔墩铰接。能减小墩底弯矩，但构造与施工均麻烦，整体稳定性也差，甚少采用。

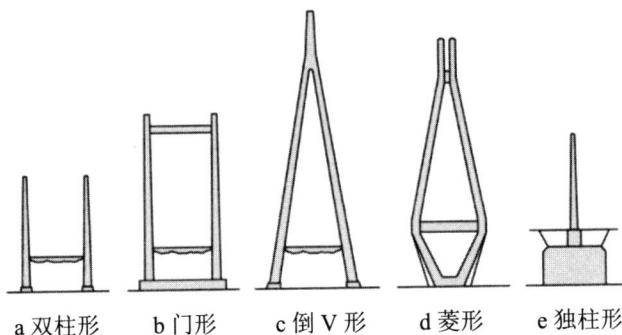

a 双柱形　　b 门形　　c 倒 V 形　　d 菱形　　e 独柱形

图 2　塔柱示意图

顺桥轴线方向塔柱的立面形式，常用的为柱形或 A 字形。而横桥方向的形式很多，有双柱形、门形、倒 V 形、用于双倾斜索面的菱形（图 2d）、用于沿桥中轴线设置的单索面的独柱形。双柱形与门形塔柱施工方便；倒 V 形施工麻烦，基础面积大，但抗风稳定性好；菱形可减小基础面积；独柱形外形轻巧，但主梁必须选用抗扭刚度大的箱形截面。

主梁

直接支承桥面并锚固斜拉索。其结构形式主要有：①连续梁（图 3a）。整体性好，抗风、抗震能力强，刚度大，行车舒适。②带挂孔的单悬臂梁（图 3b）。结构外部是静定的，适用于软土地基，可以消除混凝土的徐变收缩影响，但结构刚度差。缆索受力大于连续梁，挠度大，不利于高速行车。③T 型刚构（图 3c）。除可利用悬臂拼装（灌注）

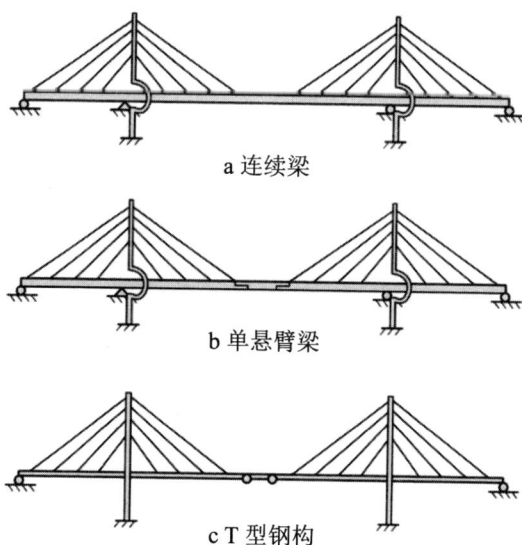

a 连续梁

b 单悬臂梁

c T 型钢构

图 3 主梁结构示意图

法施工外，其优点同单悬臂梁，缺点是墩内弯矩大。3 种结构形式中，以采用连续梁较多。在双跨独塔式斜拉桥中，均采用连续梁。

主梁的横截面形式主要有 3 种：①箱形截面（图 4a）。因系闭合式截面，抗扭刚度甚大，尤适用于单索面的独柱式斜拉桥。②半封闭式三角箱形截面（图 4b）。两侧具有流线型的三角形箱梁有很好的抗风稳定性。③槽形截面（图 4c）。桥梁建筑高度低，有利于争取桥下净空高度，降低引线或引桥标高。

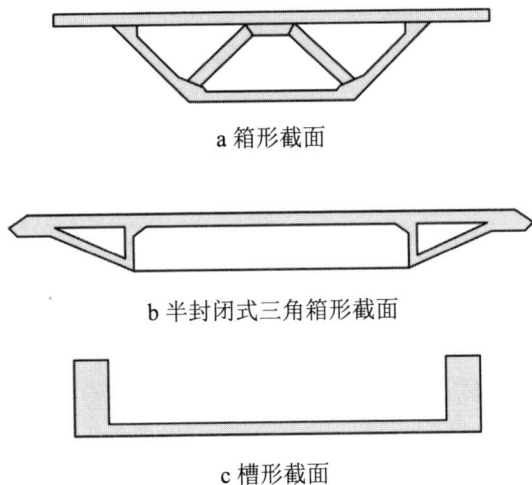

a 箱形截面

b 半封闭式三角箱形截面

c 槽形截面

图 4 主梁横截面示意图

辅助墩

辅助墩对于斜拉桥的受力性能有着不可忽视的作用。若在边跨适当位置处设置一个或多个辅助墩，可以改善成桥状态下的静、动力性能，同时还可使边跨提前合龙，提高最不利悬臂施工状态的风致稳定性，降低施工风险。

◆ **分类**

斜拉桥可以按照主梁材料、边跨斜拉索锚固形式、桥塔设置、索面形式、主梁支承形式等进行分类。

按主梁材料分类

有钢主梁斜拉桥、混凝土主梁斜拉桥和两者结合的结合梁斜拉桥。钢斜拉桥的主梁较轻，跨越能力大，施工方便，但用钢量大，养护费用高，造价偏高。混凝土斜拉桥反之，且具有刚度大、抗振性能好、噪声小等优点，应用较多。用钢筋混凝土桥面板做的结合梁斜拉桥，用钢不多，噪声小，可减轻重量，在大跨度桥中有较大竞争力。混合梁斜拉桥中跨采用钢梁、边跨采用较重的混凝土梁，这种布置方式适用于特大跨径且边跨较小的斜拉桥。

按边跨斜拉索锚固形式分类

有地锚式、自锚式与部分地锚式。地锚式斜拉桥塔后侧的拉索集中锚固在岩体或锚块上，拉索在梁体内的水平分力由梁体传递到基础。自锚式斜拉桥索塔两侧的斜拉索均匀锚固在主梁上，可以将一部分轴力转移出去，由单独设立的锚碇承担，减轻主梁的负担，从而形成了双塔部分地锚斜拉桥体系。部分地锚式斜拉桥的结构受力介于自锚和地锚结构体系之间，跨中一部分主梁受拉，其余均为受压。

自锚式双塔斜拉桥体系在工程中最为常用，其主梁除跨中无索区外都承受轴向压力，施工方便且不需修建锚碇。需要注意的是，地锚式斜拉桥和部分地锚式斜拉桥的地锚段都不能采用悬臂施工法。

按桥塔设置分类

①根据桥塔在纵桥向的数量，可分为独塔斜拉桥、双塔斜拉桥和多塔斜拉桥。独塔斜拉桥主梁的恒载要由索承担，边墩受荷较小、一般采用固结体系，以提高结构刚度。双塔斜拉桥是应用最为广泛的体系，当双塔斜拉桥还不能满足跨越需要，多塔斜拉桥便应运而生，但它在活载作用下由中间塔顶偏位带来的主梁挠度和弯矩过大问题无法通过背锚索和辅助墩来解决。如何提高多塔斜拉桥的整体刚度成为该型需要解决的关键问题，工程上一般采用增大中间塔或主梁的刚度、设置辅助拉索或交叉索等措施来控制中塔塔顶偏位，但要付出一定的经济或美学代价。

②根据桥塔在横桥向的数量，可分为独柱斜拉桥、双柱斜拉桥和多柱斜拉桥。

按索面形式分类

有双平行索面斜拉桥（图 2a、图 2b）、双倾斜索面斜拉桥（图 2c、图 2d）与单索面斜拉桥（图 2e）。双平行索面斜拉桥的缆索布置在两个铅垂平面中是最常用的形式。双倾斜索面斜拉桥的缆索布置在两个倾斜面内，具有良好的抗风稳定性，适用于大跨度桥。单索面斜拉桥的缆索只布置在一个铅垂面内，适用于公路桥与城市桥。单双索面配合的斜拉桥，其主跨用单索面，边跨用双斜索面，使独柱塔三面受力，非常稳定，可减小独柱尺寸，有利于行车。

按主梁支承形式分类

有刚性铰式支承斜拉桥与悬浮体系斜拉桥。前者在主梁支点处设支座，在塔梁结合体系中，全部反力直接传给墩台；而在塔墩结合体系中，部分反力由支座传给墩台，部分反力由斜索传至塔顶，通过塔柱传给塔墩，反力分配可由支座顶的松紧而定。后者梁在桥墩上不设支座，而是用缆索悬挂在塔上，支点反力通过塔柱传给桥墩。这种体系对削减混凝土徐变和抗震都有利，并可减小主梁支点处的内力，但为保证施工时稳定性好，须加设临时支座。

◆　世界著名斜拉桥

　　1956 年在瑞典建成的由德国工程师迪辛格设计的主跨 183 米的斯特劳姆桑德桥，拉开了现代斜拉桥发展的序幕。1962 年在委内瑞拉建成的由意大利结构专家莫兰迪设计的主跨为 5×235 米的马拉开波桥，开创了公路混凝土斜拉桥的先例。1967 年在德国波恩建成了由 H. 洪贝格设计的希埃伯特桥，首先在工程上采用较小索距的概念，该桥为钢加劲梁结构，主跨 280 米、桥宽 36 米、双塔单索面，两侧各设置了 20 根斜拉索，标准索距 2.24 米，开创了密索体系的先河。1984 年建成的主跨为 440 米的西班牙卢纳桥，采用了混凝土加劲梁和部分地锚的形式，刷新了当时的斜拉桥跨径记录。1992 年在西班牙建成的由西班牙建筑师 S. 卡拉特拉瓦设计的阿拉密洛桥，该桥 200 米的钢梁由竖琴式斜拉索支承，斜拉索单侧锚固在混凝土斜索塔上，形成无背索斜拉桥体系。1995 年建成的由 M. 菲洛歇设计的法国诺曼底桥，跨度为 856 米，大幅度推进了斜拉桥的跨径。1999 年建成的日本多多罗桥跨度 890 米，采用倒 Y 形钢塔，塔高 220 米，拉索布置为扇形双索面（图 1c）。2004 年底在法国建成的由 N. 福斯特设计的米约桥（204 米+6×342 米+204 米，全长 2460 米），截至 2017 年是世界上最高和最长的斜拉桥，采用了加劲梁与一跨索塔拼装后一起顶推的施工工艺。2012 年在俄罗斯建成的主跨 1104 米的俄罗斯岛桥是世界上最大跨径的斜拉桥。

1975 年在四川建成主跨 75.84 米的云阳桥后，斜拉桥的建设在中国得到发展。1988 年建成的重庆石门大桥为一座独塔单索面预应力混凝土斜拉桥，主跨 300 米。1991 年建成的上海南浦大桥是中国第一座结合梁斜拉桥，主跨 423 米，达到当时的世界第三。1993 年建成的上海杨浦大桥是中国第一座跨度曾创造世界纪录的斜拉桥，主跨 602 米。1998 年建成的香港汀九桥是当时全世界最大跨度的三塔斜拉桥，主跨布置为 448 米和 475 米，利用稳定索提高中间两跨的刚度。1999 年建成的台湾高屏溪桥为独塔单索面混合梁斜拉桥，主跨 330 米。2000 年建成的芜湖长江大桥是一座矮塔钢桁梁双层公铁两用桥，主跨 312 米。2001 年建成的南京长江二桥（南汉桥）是一座双塔双索面五孔连续漂浮体系钢箱梁公路斜拉桥，主跨为 628 米，钢筋混凝土桥塔高 195.55 米。2002 年建成的天津市海河大桥为一座独塔双索面混合梁斜拉桥，主跨 310 米。2005 年建成的南京长江三桥是中国第一座索塔斜拉桥，也是世界上第一座弧线形斜拉桥，主桥跨径 648 米。2008 年通车的苏通大桥，主跨 1088 米，成为中国又一座创造世界纪录跨度的斜拉桥，截至 2017 年，跨度在世界排名第二，仅次于俄罗斯岛桥。2009 年建成的香港昂船洲大桥，主跨长 1018 米，截至 2017 年，是跨度在世界排名第三的斜拉桥。截至 2019 年 12 月，全球已经建成的跨度前 10 位的斜拉桥中有 6 座在中国，其余 4 座分别在俄罗斯、日本、法国和韩国（见表）。

全球跨度前 10 位的斜拉桥

序号	建成年代	桥名	跨径 /m	主梁材料	桥塔材料	国家
1	2012	罗斯基岛大桥	1104	钢结构	钢筋混凝土	俄罗斯
2	2008	苏通长江大桥	1088	钢结构	钢筋混凝土	中国
3	2009	香港昂船洲大桥	1018	钢/混凝土混合	钢包混凝土	中国
4	2010	鄂东长江大桥	926	钢/混凝土混合	钢筋混凝土	中国
5	1999	多多罗大桥	890	钢结构	钢结构	日本
6	1995	诺曼底大桥	856	钢/混凝土混合	钢筋混凝土	法国
7	2013	九江长江二桥	818	钢/混凝土混合	钢筋混凝土	中国
8	2010	荆岳长江大桥	816	钢/混凝土混合	钢筋混凝土	中国
9	2009	仁川大桥	800	钢结构	钢筋混凝土	韩国
10	2016	鸭池河大桥	800	钢/混凝土混合	钢筋混凝土	中国

悬索桥

悬索桥指主要承重结构由缆索（包括吊杆）、塔和锚碇组成的桥。又称吊桥。

缆索的几何形状由力的平衡条件决定，单独悬索即为悬链线，加上加劲梁后主缆线形介于悬链线和抛物线之间。从缆索垂下的吊杆将桥面吊住，在桥面处常设置加劲梁，与缆索一起形成组合体系以减小活载挠曲变形。现代悬索桥是由发源于中国的古代索桥演变而来，主要适用于大跨度及特大跨度桥梁，是跨越能力最大的桥型。

◆ **发展概况**

1883 年，美国建成主跨为 487 米的布鲁克林桥，由 J.A. 罗布林设计，是早期的悬索桥，采用从塔顶辐射至加劲梁的许多斜缆以提高抗风稳定性，树立了从结构上抗御风害的榜样。1909 年，由 L. 莫伊赛夫基于弹性理论设计建成的主跨为 448 米的曼哈顿桥，标志着长跨悬索桥在静力分析上的成熟。1931 年，由 O.H. 安曼设计的跨越哈得孙河的乔治·华盛顿桥，以单层桥面 8 车道通车，主跨为 1066.8 米，按双车道设计。在其以 8 车道通车的 30 年内，它的加劲桁架尚未建造，以"柔式"悬索桥的姿态成功地抵抗了风力的袭击。后因交通量增长，在 1962 年按原计划将加劲梁及下层桥面建成。1937 年建成的金门桥主跨达 1280.2 米，该桥在风力作用下的振幅已引起注意。1940 年由莫伊赛夫设计建成的塔科马海峡桥，主跨为 853.4 米，在建成仅 3 个月后因风致振动，最终倒塌，这就是塔科马大桥风毁事故。该事件使大跨结构的抗风性能受到关注，引发了对桥梁抗风方向的研究。

英国塞文河桥于 1966 年建成，主跨 987.55 米，首次采用扁平钢箱梁代替桁架梁，具有更好的空气动力稳定性，且梁高低、自重小，成为后期悬索桥的发展主流。1998 年建成的日本明石海峡大桥主跨为 1991 米，边主跨比 0.51，钢桥塔高 297 米，采用桁架加劲梁，是当时世界上最大跨度的悬索桥。1998 年建成的丹麦大带桥主跨为 1624 米，边主跨比 0.33，混凝土桥塔高 254 米，采用箱梁加劲梁。

中国是古代悬索桥的发源地，公元前 300 年就有建造索桥的历史记载，1705 年建成的四川大渡河泸定桥，是人类历史上第一座突破百米的桥梁。中国现代悬索桥建设起步较晚，20 世纪 30 年代起，中国开始采用钢丝绳缆修建悬索桥，1940 年建成的滇缅公路昌淦澜沧江桥的主跨为 135 米，用轻型钢桁架做加劲梁。1948 年在云南建成继成桥，为跨度 140 米的柔式悬索桥。中华人民共和国成立后，1951 年在四川泸定建成大渡河新桥，跨度为 130 米。其后 30 多年曾建成一批悬索桥，如在四川渡口市（今攀枝花市）建成跨度为 172 米和 185 米的悬索桥各一座，1969 年在重庆建成了主跨为 186 米的朝阳桥。1985 年在西藏建成的达孜拉萨河桥跨度达 415 米，是第一座跨度突破 400 米的悬索桥。1997 年在广东建成了主跨 888 米的虎门大桥，同样，连接香港市区和新机场之间的青马大桥主跨 1377 米，建成时是世界上最大的公铁两用悬索桥。1999 年建成的江阴长江大桥为 1385 米的单跨简支钢箱梁悬索桥。2005 年建成的润扬长江大桥是中国第一座由悬索桥和斜拉桥构成的组合型特大桥梁，南汉主桥为主跨径长 1490 米的单孔双铰钢梁悬索桥。西堠门大桥主桥为两跨吊连续钢箱梁悬索桥，主跨 1650 米，仅次于日本明石海峡大桥，但却是跨度最大的钢箱梁悬索桥，为了解决抗风稳定性，世界上首次采用了分体钢箱加劲梁，该桥于 2009 年 12 月 25 日建成通车。

◆ 主要组成

悬索桥的主要组成部分有主缆、桥塔、锚碇和加劲梁等。

主缆

结构体系中的主要承重构件，属几何可变体，承受拉力。主缆在恒载作用下具有很大的初始张拉力，为后续结构提供很大的几何刚度，不仅可以通过自身弹性变形，而且可以通过几何形状的改变影响体系平衡，表现出大位移非线性的力学特性。主缆分担活载的大小与重力刚度有关。悬索桥跨径越大，主缆的重力刚度越明显，分担的活载比例越大。

过去曾用竹索、铁索、调质钢眼杆，现在主要使用冷拔碳素钢丝制成下列3种形式：①平行丝大缆，常用J.A.罗布林所发明的"空中编缆法"就地制造，现今跨度750米以上的桥都使用此法，如采用该构造的美国布鲁克林桥建于1883年，其缆索至今完好。②由钢丝绳组成的钢丝绳缆，该绳缆的施工速度较快，但其弹性模量较低，只适用于跨径较小的桥。③由平行钢丝绳股组成的大缆，丝股可在工厂预制，保持了平行钢丝大缆的优点，并在施工上有所改进。

桥塔

桥塔是压弯构件。在竖向，桥塔承担以恒载为主的主缆竖向分力（压力）。在纵桥向，成桥时，恒载引起的主缆水平力在桥塔两侧基本平衡，不对称桥塔产生弯矩；使用阶段，活载使塔两侧产生不平衡拉力，塔顶会发生纵向位移，桥塔两侧主缆水平力达到新的平衡。

以往曾用石塔，今则用钢塔或钢筋混凝土塔。20世纪60年代美国仍采用铆接多室钢箱形截面，英国则开始采用栓焊结构，并将箱形截面从多室改为单室以节约钢材。因缆索在塔顶有一转角，其支承处需设鞍式结构（称为索鞍）。在荷载作用下，索鞍因两侧缆索伸长量不等而发生纵向线变位。由于将底端固定于桥墩的钢塔能在塔顶发生相应的弹性变位，故索鞍可以固结于塔顶；对于不能发生较大弹性变位的刚性塔，其索鞍下需设辊轴，使之像梁式桥活动支座那样活动。

锚碇

缆索的拉力通过灌注在混凝土中的钢质构件传递给混凝土和地基。当地基为坚实岩层时，只需顺缆索方向凿一隧道（坑洞），将固定缆索的钢质构件置于其中，再用混凝土将隧道填实即成，这种锚碇称为隧道式锚碇。当地基没有岩层可利用时，则需灌筑巨型混凝土块，凭重量及相应的摩阻力来抵抗拉力，这种锚碇称重力式锚碇。

加劲梁

加劲梁既是提供交通通行的桥面，也是参与受力的主梁，而且由于主缆本身的几何可变性，还必须提供一定的刚度，所以称为加劲梁。加劲梁的主要形式有钢板梁、钢桁梁、钢箱梁、混凝土箱梁等，主要承受弯矩作用，必须提供足够的刚度。

◆ 分类

悬索桥主要按主缆约束、加劲梁支承方式、桥塔数量等方式进行划分。

按主缆约束划分

有地锚式悬索桥和自锚式悬索桥。地锚式悬索桥将主缆锚固在地上，往往对地质条件有较高的要求，造价较高。自锚式悬索桥不设地锚，而是以加劲梁梁端锚固主缆承受主缆端部的水平与竖向分力。它与常规地锚式悬索桥的区别在于不设地锚、加劲梁承受主缆水平分力而造成主梁存在较大的轴向压力。自锚式悬索桥取消了造价昂贵的地锚，但是在施工阶段，由于梁和缆的共同作用，无法采用地锚式悬索桥先架缆后挂梁的施工方法，而需要搭建大量临时支架安装加劲梁而后再架设主缆，施工费用较高。自锚式悬索桥结构体系没有重力刚度，主梁内有很大的轴向力，因此跨越能力较地锚式悬索桥有较大的差距。

按加劲梁支承方式划分

有单跨简支悬索桥、三跨简支悬索桥和三跨连续悬索桥。三跨简支的体系刚度最小，随着边中跨比逐渐增大，三跨连续体系的刚度逐渐小于单跨简支体系。三跨连续体系加劲梁在桥塔处的转角较小，具有比较平顺的线形，但是由于加劲梁是连续的，会在桥塔支承处产生很大的负弯矩。为了减小这个负弯矩值，可以取消塔梁处的竖向支承，以弹性吊索代替，或者在竖向设置一个合适的弹性支承。

除了上述体系外，还有两跨悬索桥，无吊杆支承的边跨约束较强，有吊杆支承的边跨约束较弱，其力学性能介于三跨体系和单跨体系之间。

按桥塔数量划分

有独塔悬索桥、双塔悬索桥和多塔体悬索桥。独塔悬索桥的出现主要应景观的需求，与同样跨径和荷载作用下的双塔悬索桥相比，独塔体系主缆水平力远大于双塔体系；由于主缆倾角的减小，使独塔体系主缆的支撑效率远低于双塔体系，其结构刚度也小于双塔体系，因此独塔悬索桥适用于小跨径悬索桥。在建设跨海工程时，有时需要建造多塔悬索桥。多塔悬索桥主要分为共锚式悬索桥、连续多跨悬索桥和双缆连续多跨悬索桥。①共锚式悬索桥，每一单体仍是传统三跨悬索体系，受力性能没有变化。②连续多跨悬索桥，由于中间跨没有锚碇，因此竖向刚度远小于三跨悬索桥，可通过减小主缆垂跨比、提高桥塔刚度、在主缆中央扣处增添锚索等方式减小结构竖向挠度。③双缆体系的挠度比多跨单缆体系小很多，这主要是因为双缆体系在加载后，邻跨各自主缆之间会产生内力重分配，顶缆缆力增大，底缆缆力减小，邻跨顶、底缆除了自身的抗力外，还产生了一个背向加载跨的附加水平力。截至2019年12月，全球已经建成跨度前10位的悬索桥有5座在中国，其余5座分别在日本、丹麦、土耳其、韩国和英国（见表）。

全球跨度前10位的悬索桥

序号	建成年代	桥名	跨径/m	主梁形式	桥塔材料	国家
1	1998	明石海峡桥	1991	钢桁梁	钢结构	日本
2	2019	杨泗港大桥	1700	钢桁梁	钢筋混凝土	中国
3	2019	南沙大桥	1688	整体钢箱梁	钢筋混凝土	中国
4	2009	西堠门大桥	1650	分体钢箱梁	钢筋混凝土	中国
5	1998	大带桥	1624	整体钢箱梁	钢筋混凝土	丹麦
6	2016	奥斯曼加奇桥	1550	钢箱梁	钢结构	土耳其
7	2012	李舜臣大桥	1545	钢箱梁	钢筋混凝土	韩国
8	2005	润扬长江大桥	1490	钢箱梁	钢筋混凝土	中国
9	2012	南京长江四桥	1418	钢箱梁	钢筋混凝土	中国
10	1981	亨伯大桥	1410	钢箱梁	钢筋混凝土	英国

钢　桥

钢桥指各杆件或部件之间通过铆接、栓接或焊接等方式进行连接和组合形成的整体钢结构桥梁。

钢桥重量相对较轻，跨越能力强。钢桥的构件适合于工厂化制造、便于运输且工地安装速度快，因此施工工期较短，部件也易于修复和更换。废旧钢材还可重新回炉、反复利用。但是钢桥易于腐蚀，检查和涂装维护频次较高，铁路钢桥行车时噪声较大。

1874～1883 年，美国首先用结构钢建成了伊兹桥、布鲁克林桥和格拉斯哥桥 3 座大桥。20 世纪 30 年代，美国相继建成华盛顿桥和圣弗朗西斯科（旧金山）金门大桥，标志着钢悬索桥的跨度超过了 1000 米。20 世纪末，日本建成了钢悬索桥明石海峡大桥，跨度达到 1991 米。1975 年法国建成了钢斜拉桥圣·纳泽尔桥，跨度突破 400 米。1999 年日本建成了钢斜拉桥多多罗大桥，跨度达到 890 米。

中国自行设计、施工的钢桥始于詹天佑主持修建的京张铁路，其中钢桥有 121 座，共计 1591 延米，最大跨度为 33.5 米桁梁，大部分为跨度 6.1 米的工字形钢板梁。1937 年建成的浙赣线钱塘江公铁两用大桥正桥钢梁总长 1072 米，由 16 孔跨度为 65.8 米的简支钢桁梁组成。苏通长江大桥、江阴长江大桥、香港青马公铁两用大桥、京沪高速铁路南京大胜关长江大桥等钢桥，在现代桥梁中均处于世界领先地位。

钢桥按桥面系所处位置划分，有上承式桥、中承式（或半穿式）桥和下承式桥 3 种型式。按钢架结构型式划分，有简支梁、连续梁、悬臂梁、钢拱、斜腿刚架桥等。常见钢梁结构型式见图 1，截面形式见图 2。

简支钢梁和连续钢梁均分为钢板梁和钢桁梁，钢板梁跨度较小，钢桁梁应用较多。钢拱桥或斜腿刚架桥多用于山谷地带。钢箱梁可在简支梁或连续梁中单独使用，也可和斜拉桥、悬索桥等其他结构联合使用，其适应性较广、跨越能力较大，公路桥中应用较多。

a 简支钢桁架

b 连续钢桁架

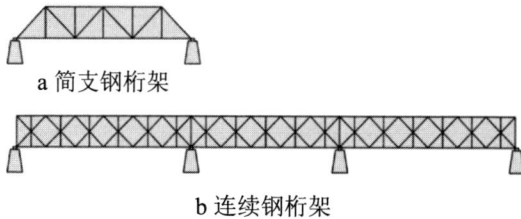

图1 钢梁结构型式示意图

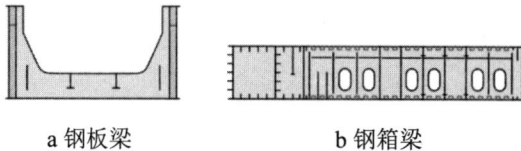

a 钢板梁   b 钢箱梁

图2 钢梁截面形式示意图

木 桥

木桥指用木材建造的桥梁。木桥的使用很早，历史上除有木梁桥、木桁架桥外，还有木拱桥。

木桥构造简单，施工迅速，但木材易腐、易裂（气候干燥地区）、易遭火灾，且强度较差，故现代多用于人行桥、抢修或施工时的临时便桥或半永久性的公路桥。作为半永久性的木桥，须做防腐处理。木桥的构件主要以承压和抗剪传力，其受拉接头，则由螺栓抗剪和栓孔承压传递拉力，并以螺栓、夹板、穿钉、扒钉等铁件固定构件的相互位置。

◆ 类型

常用的有木梁桥、木撑架桥和木桁架桥。①木梁桥，跨度一般为6～8米，木梁可用两面削平的原木或方木组成。可做成单梁、叠置梁或组合梁（以键传递上、下层梁木之间的剪力）。②木撑架桥，由木梁桥演变而来，从墩台伸出斜撑支承木梁，以增大跨度或载重能力。③木桁架桥，常用交叉腹杆式桁架做主梁，其弦杆和斜杆用木制，竖向腹杆用圆钢。可用于跨度不大于 40 米的公路桥。

◆ **墩台**

主要有：①单排架墩，排架一般用 4 ～ 6 根原木做立柱，各柱以水平及斜夹木相连，柱顶设帽木以承受梁的反力，柱下设底木和基础相连，其各部相接处以夹板、螺栓、穿钉等固定其相互位置。②构架式排架墩，将两组或多组排架用水平及斜夹木相连而成。顶部设纵横托梁以分布上部结构传下的荷载，下部设纵垫木使桥墩所受的力分布于基础。③桩式排架墩台，当桥不高时，可将基础的木桩上部（或接长部分）用夹木相连，上设帽木，做成桥墩，或设挡土板及翼墙做成桥台。④枕木垛墩台，以枕木纵横叠置，以扒钉相连，就形成临时性墩台，常用于铁路桥梁抢修工程。

当桥墩不高时，可用单排架作墩，但桥墩较多时，应设构架式双排架墩（相距约 20 米），或将各排架之间设置纵向的水平木和斜夹木，借以抵抗纵向力（如制动力）。将数组排架埋置于桥头填土的纵坡内，并以水平木及斜夹木相连，可组成埋置式桥台。

◆ **基础常用形式**

主要有木桩基础、卧木基础、木笼基础及木笼桩基础。①卧木基础，一般用于旱桥。挖基坑后铺碎石垫层，纵向密排垫木而成。在其上立排架墩台，回填碎石。②木笼基础，以原木或方木叠置成无底或有底的木笼。一般在岸边制成浮运就位，再填石压重，使之下沉河床。当片石填出水面后，基础便形成。③木笼桩基础，为增加木笼基础的埋置深度，可先在木笼内打木桩，再以填石围护，将桩挤紧。1949年中国在抢修津浦（天津—浦口）铁路淮河桥时，曾以此基础做构架式排架墩，上架临时性钢梁，成功地解决了铁路运输和渡洪问题。

石　桥

石桥指用石料建造的桥梁。主要有石梁桥和石拱桥，历史都很悠久。

中国历史上著名的石梁桥有洛阳桥和虎渡桥，石拱桥有赵州桥等。由于石梁抗弯能力较差，现只能在人行桥或涵洞中使用。

石拱桥在现代铁路和公路桥上发挥一定作用。中华人民共和国成立后，在50～60年代修建了大量的铁路石拱桥，如成（都）昆（明）线的老昌沟一线天桥，跨度达54米。在中国山区的公路中，石拱桥一直是一种常用的桥型，最大跨度已达146米（丹河大桥）。

石拱桥的主要承重结构为拱圈。拱上结构用石砌侧墙并在墙间填料者称实腹式拱桥，在拱圈上加筑小拱的称空腹式拱桥。拱圈一般用拱石在刚度较大的拱架上砌筑，也有以片石砌块或弧形板石代替拱石的。拱圈内的砌面应垂直于拱圈的内弧，相邻两排拱石必须有错缝。跨度大于10米的石拱桥，需采用分段法对称砌筑拱圈，分段的位置和砌筑的顺序，应使拱架受力均衡，变形最小。跨度较大的石拱桥，因拱圈较厚，可采取分层砌筑。先砌底层，待其合龙和拱架共同承重后，再砌上层。每层可用分段和预留空缝相结合的方法施工。

石拱桥的外形美观，养护简便，可以就地取材，特别在石料供应方便、工价低廉的地区，修建跨度不大的石拱桥，是比较经济的。但石拱桥为实体重型结构，跨越能力有限，拱石的开采、加工、砌筑等均不易机械化，需要的劳动力较多，工期较长，使其发展受到一定限制。

铁　桥

铁桥指用铸铁或锻铁建造的桥。包括铁索桥、铁索悬索桥、铸铁拱桥、锻铁梁桥等。

铁的冶炼技术在古代已经比较成熟。利用铁链跨越峡谷、河道，直接在上面铺设人行道板形成的铁索桥，在中国西南地区有较多的实例，如四川大渡河上的泸定桥等。

铁索悬索桥采用铁链杆作为悬索，通过吊杆支撑桥面结构。早期铁索悬索桥自重小，材料强度低，经不起周期性活荷载的作用，在风荷载作用下，容易摧毁。但 1820～1826 年，英国在梅奈海峡建造的跨度达177 米的锻铁链杆柔式悬索桥，却能在桥面随坏随修的情况下获得长寿。

铸铁拱桥直到冶炼业使用焦炭能生产大型铸件时才出现。1779 年，英国在科尔布鲁克代尔的塞弗恩河上首次建成一座主跨约 30.5 米的铸铁肋拱桥，该桥曾使用 170 年，现已作为文物保存。19 世纪初铸铁广泛应用于桥梁、建筑和输水桥。在 19 世纪 20 年代铁路发展的初期也采用铸铁拱桥。

锻铁梁式桥跨径较小，1832 年，英国在格拉斯哥开始用 I 形截面锻铁建造梁式桥，这种桥的跨度后来曾达到 9.6 米。

结构钢材出现后，基本不再用铁造桥。

高架桥

高架桥指在城区道路上方建造的、用以提高交通能力和保持线路畅通的城市桥梁。

其可用于公路、铁路和城市轨道交通（地铁、轻轨、磁悬浮等）。因以桥代路，故也称高架路，或简称高架。另外，为避免频繁与其他线路平交，或为节省用地，或为保护环境，或为通过地质不良路段而在地面上修建的高速公路桥或铁路桥，也称为高架桥。

城市高架桥的主要组成部分是中小跨度的多跨梁式桥，其设计应特别注意与桥位沿线环境相适应。需控制桥梁的建筑高度，以缩短桥长和引道（或匝道）长度；选择外形轻巧的结构（尤其是桥墩）造型，扩大桥下可利用空间；配合城市地下空间和管线的布置，确定合理的墩台位置和基础形式。另外，车行道外侧要设置可靠的防撞设施，严格控制交通噪声污染和光污染等。

高架桥提供了方便快捷的空中通道，可能带来的不利影响是：扩散噪声，遮蔽阳光，有碍市容，影响商业。最早的城市铁路高架桥建于19世纪末期。世界上第一条城市道路高架桥建于20世纪30年代的纽约（20世纪70年代被拆除）。1987年广州修建的长5.3千米的人民路桥，是中国城市高架桥的首例。典型的高架桥有：中国上海内环高架路（2009年全线通车，长47.7千米）、武汉二环高架路（2015年全线通车，长48千米）、京沪高速铁路丹阳至昆山段特大铁路桥（2011年通车，长164.8千米）、泰国曼纳高速公路（2000年建成，长55千米）等。

立交桥

立交桥是当线路（道路、铁路等）交叉时，为了保证交通互不干扰而建造的桥梁。

跨越既有线路的桥梁又称跨线桥，在既有线路地面下方穿过的则称地道桥。立交桥可消除平面交叉的冲突，提高通行能力，广泛应用于高速公路和城市道路中。

跨线桥分为分离式和互通式。分离式无须上下层线路互通，平面布置较为简单。互通式能使上下层道路互通，这就需要加设迂回匝道（连接上、下层道路的弯坡桥梁和路段）等。互通式占地相对较多，受桥位附近建筑环境的影响较大。在重要的道路交通节点处，常形成复杂多层的枢纽立交。

跨线桥的结构形式与常规桥梁基本相同，视情况会设置一定长度的曲梁结构和异形结构。桥梁的分跨和桥下净空需满足桥梁建筑限界的要求。设计时应尽量减小桥梁上部结构的建筑高度，以控制工程规模；减少桥梁下部结构的墩柱根数，以增加桥下空间的通透性。因跨度有限并为减少噪声，上部结构多采用板式和梁式的混凝土桥；对于跨度较大者，可采用钢－混凝土组合结构桥。依桥面宽窄，桥墩一般为单柱、双柱或多柱。对跨线桥中单柱支撑的曲梁，需特别注意梁体的抗扭稳定性。

地道桥，从地下穿越既有线路，可视为一种特殊的立交桥梁。

立交桥是城市道路交通现代化发展的必然产物。1928年，美国新泽西州首次建成一座苜蓿叶形全互通式立交桥。1963年，广州市建成的大北环形立交桥成为中国首座现代化立交桥。1974 年，中国北京建成第一座互通式苜蓿叶形立交桥。随着立交功能的完善，立交桥的形式和结构越来越复杂，规模也越来越大。有代表性的 5 层枢纽立交桥有：1993 年建成的美国洛杉矶哈利·普雷格森立交桥，1999 年建成的中国上海延安路—南北高架路立交桥，2005 年建成的美国达拉斯 635 号州际公路与 75 号国道交汇处的立交桥，2016 年建成的中国重庆黄桷湾立交桥等。

活动桥

活动桥指桥跨结构的一部分或整体可以移动或转动的跨河桥。又称开启桥、开合桥。

适于陆地交通不甚繁忙、修建固定式桥梁难以满足桥下通航净空要求或建设费用过高的情况。修建活动桥，可节省建造费用，但会增加管养费用，且在一定程度上会影响陆地交通。活动桥常建在江河下游城市地区和入海口港湾地区。为减轻重量便于移动或转动，活动桥大多采用钢结构。常用的开合方式有立转、升降、平转。对设有活动通航孔的永久性浮桥，可视为特殊的活动桥，其多采用伸缩或平转的开合方式。无论采用哪种方式开合，活动桥均需设置一套适宜的开启系统。开启系统通常包括：铰和平衡重机构、机械转动系统、动力系统、控制系统等。

◆ 立转桥

跨越主航道的桥跨结构可以在立面上转动开合的活动桥（图 1）。

从一端开合活动桥跨结构的称为单叶式，从两端开合者称为双叶式。截至 2017 年，单叶式跨度最大的是乌克兰因古尔河活动桥，跨度 76.25 米；双叶式跨度最大的是 2000 年建成的西班牙巴塞罗那港活动桥，跨度达 109 米。中国天津市的解放桥（原万国桥）建成于 1927 年，为双叶式，跨度 46.94 米，1973 年停用，后经改造于 2008 年恢复开启功能。2012 年建成的天津响螺湾海河开启桥，主跨 76 米，为亚洲跨度最大的双叶式立转桥。

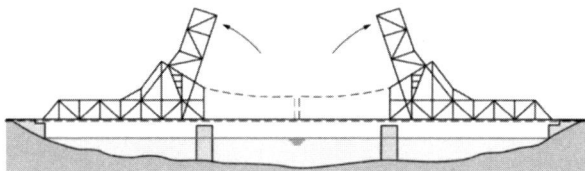

图 1　立转桥

◆ 升降桥

　　跨越主航道的桥跨结构可以升降开合的活动桥（图 2）。这类桥需在活动桥跨结构的两端设置塔架和提升设备。跨度最大的升降桥是美国纽约州斯塔滕岛和新泽西州伊丽莎白之间的奥瑟基尔单线铁路桥，跨度 170 米，建于 1959 年。1985 年建成的天津塘沽海门大桥是中国跨度最

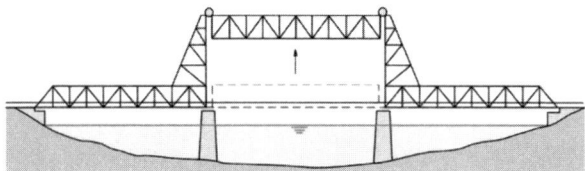

图 2　升降桥

大的升降桥（图3），其正桥为5孔简支下承式栓焊桁架梁，桥总长550米，其中64米桥跨为升降孔，开启时桥下净高31米，可通过5000吨级海轮。

图3　天津塘沽海门升降桥

◆　平转桥

跨越主航道的桥跨结构可以绕一根或两根竖轴水平旋转开合的活动桥（图4）。1906年建成的中国天津市金汤桥，全长76.4米，为三跨钢桁梁结构，一大跨为固定式，两小跨为可绕桥墩平转的活动跨（长40米），1970年拆除开启设备，2005年改建后重新恢复。世界上跨度最大的平转桥是埃及2001年建成的跨越苏伊士运河的艾尔法丹桥，为一座三跨悬臂钢桁梁铁路桥，分跨150米+340米+150米，全桥沿主跨跨中分为两个活动部分，各自绕一个主桥墩转动。日本梦舞大桥是一座永久性浮桥，主桥为拱结构，主跨长280米，置于两个大型浮筒上，需要时用拖船将浮桥绕一端的竖轴整体平转，可提供超过200米宽的航道。

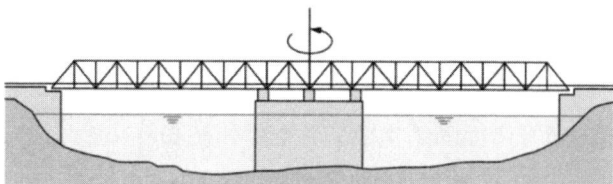

图4　平转桥

浮　桥

浮桥指用舟船、浮箱及其他各种浮体代替中间桥脚架设的浮在水面的桥梁。

军队为保障坦克、火炮、作战人员快速通过江河而采用制式装备架设的军用浮桥称舟桥。浮桥的历史记载以中国为早。《诗经·大雅·大明》记载："亲迎于渭，造舟为梁"，记载周文王姬昌于公元前1184年在渭河架浮桥。秦昭襄王（公元前287年）在山西蒲坂（今永济市）的黄河上架设蒲津浮桥。东汉光武帝建武十一年（35），公孙述在今湖北宜都、宜昌间架设长江浮桥。西晋武帝泰始十年（274），杜预在今河南孟津附近的黄河架设河阳浮桥，曾持续使用超过800年。北宋开宝（968～976）年间，赵匡胤在安徽采石矶架设浮桥一举灭亡了南唐，其两岸石柱系缆、缆绳上绑千艘舰船、船上铺设木板、连船成桥。波斯帝国居鲁士大帝于公元前537年在美索不达米亚修建过浮桥。泽尔士一世于公元前481年为进军欧洲曾在赫勒斯滂（现为达达尼尔海峡）建浮桥，以连接欧、亚大陆。2016年4月，美国西雅图的SR520浮桥长达2350米，为世界最长。

◆ 组成

浮桥通常由河中部分、过渡部分、岸边部分和锚碇部分组成（图1）。桥脚分置式的浮桥河中部分由浮游桥脚舟和桥跨部分组成。浮游桥脚舟作为浮桥的桥脚，需要有足够的浮力，并承受由桥跨传递的载重及水中的压力，还需要有坚固的结构保证其强度。桥脚舟一般采用箱型结构，为减少水阻力首尾采用一定的流线型；为抵抗荷载作用下变形过大影响使用，桥脚舟的壳板上设置有纵向或横向骨架。桥跨部分包括受力的桥桁、连接接头、桥面板、缘材（固定桥板、标志桥面）、栏杆等。带式浮桥的河中部分，通常就是拼组而成的桥脚舟，其将桥脚舟、桥桁、桥板等合为一体，桥脚舟上需设置沿浮桥长度方向的连接接头。过渡部分一般采用浮游栈桥、固定栈桥等形式，一端与河中部分相连，另一端与陆上的桥础相连，在带式浮桥中多采用岸边舟的形式，其可以坐滩承压；岸边部分包括桥础、进出口、跳板等。

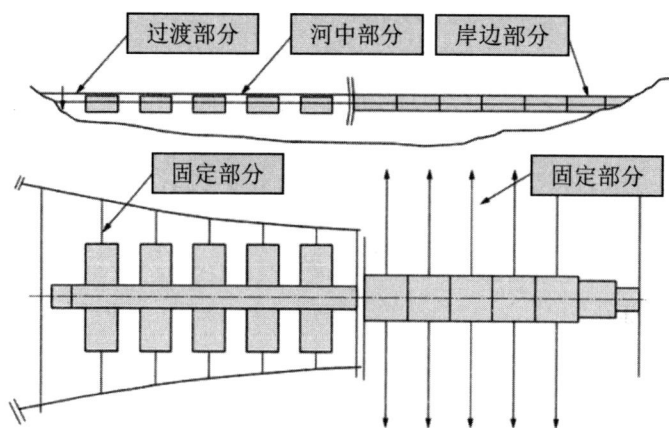

图 1　浮桥的组成及锚定

◆ **分类**

浮桥按桥脚舟配置形式分为：①桥脚分置式浮桥（图2）。浮游桥脚舟按一定距离配置，舟上架梁、再铺桥面，其载重吨位变化多，水流的阻力较小，但构件多、架设作业费时费力。②带式浮桥（图3）。舟梁板合一，每个浮游桥脚舟就是浮桥的一段，其架设作业省时省力、速度快、通行能力大，但水阻力较大、变化形式少。

浮桥按受力特点还可分为：①简支体系浮桥。桥跨直接支撑在两侧的桥脚舟上，相邻两跨的桥跨并不连接。其结构简单、受力明确、桥跨受力较小、桥脚舟受力较大。由于桥面起伏通行性能较差、浮桥抗损性不好，一般在有较大吨位桥脚舟、浮桥通载吨位较小、浮桥较短时架设使用。②连续梁体系浮桥。全桥的桥跨皆为刚性连接，其连接较复杂、

图 2　桥脚分置式浮桥

图 3　带式浮桥

桥跨受力大而桥脚舟受力较小。通行车辆稳定、抗损性较好，常在宽大江河上采用该种结构形式。③铰接悬臂梁浮桥。先由 2 ~ 5 舟结合成一个长 10 ~ 30 米桥跨刚性连接的门桥，再将门桥逐个用铰连接成浮桥。其性能介于上述两种浮桥之间，但具有架设分解速度快、容易转换成门桥等特点，用装配式预制钢桁架构件常架设该类浮桥。

◆ 用途

浮桥可用于人行、公路、铁路等交通。平时可用于不通航江河或者

季节性不通航江河的交通或作为临时性交通设施，各种救灾时可作为应急交通设施，战时可用以保障军队迅速通过江河。跨越江河的浮桥，其结构受力、工程架设和使用维护均较为简单，但跨越近海河口、较窄的海峡以及连接海上岛屿、海上大型浮体的浮桥就比较复杂，除应考虑风浪流潮汐等动力综合作用、船舶靠泊作用外，还应考虑浮体与流体的耦合影响，在不可抗拒的风暴潮、巨浪到来之前，应重视气象保障和水上交通管制，必要时提前分解转移浮桥。

◆ 锚定

保障浮桥在水流、风力、车辆行驶等作用下桥轴线不致偏移，有5种锚定方法。①投锚法锚定（图1右侧），在浮桥上下游进行投锚固定。②锚定门桥法锚定，在上游用大抓力锚固定若干门桥，再从门桥上释放若干锚纲固定浮桥段。③横张纲锚定（图1左侧），在两岸架设塔架，固定横张纲，再将系留钢索固定浮桥，适用宽度一般不超过300米的江河。④斜张纲锚定，将上下游的锚斜向固定在岸上。⑤动力锚定，用水上推进动力抵消浮桥阻力，是未来浮桥锚定的发展趋势。

地道桥

地道桥指从地下穿越既有线路，由桥洞、引道和附属结构组成的立交桥梁。

根据桥位地质条件，可设计成刚架结构或封闭的箱型结构，后者也称箱形地道桥，常用钢筋混凝土建成。地道桥主体结构主要有单孔、双孔、三孔3种形式，其孔径（净宽度）应根据其使用任务、性质、交通量综合决定，并适当考虑远景发展。其中三孔式地道桥较为常用，中孔为快车道，行驶机动车，边孔为慢车道，行驶非机动车和设置人行道。双孔式地道桥将上、下行分开，机动车和非机动车混行。引道用1%～3%的纵坡和地面道路相连，附属结构有挡土墙、泵站和排水管道等。地道桥修建时不占用上层线路，对交通影响小，多用在穿越铁路、公路线路中，但有时需拆迁地下管线，附属工程量大，不如修建跨线桥经济。设计时应注意净空、通风、照明、排水和严寒地带的防冰等要求。

地道桥常用施工方法有顶进法、顶入法、对拉法、明挖法、牵引法等。

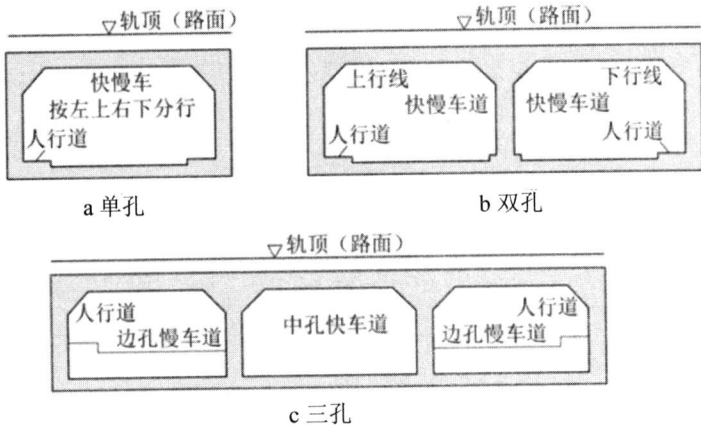

地道桥主体结构形式示意图

栈　桥

栈桥指架在水上或陡峭山腰间便于通行的桥梁。

中国古代建造了大量的栈桥，作为交通干道或用于军事目的。古代栈桥主要有3种形式：①典型的梁柱式。②单臂木梁式，以横梁一头插入壁孔内，一头由一根立柱支撑，横梁上面铺设木板。《水经注》所载的"其阁一头入山腹，其一头立柱于水中"即是这种栈桥结构。③排架式，没有壁孔，只有底孔，由若干个底孔构成一排组成排架，立柱置于底孔内，横梁完全由立柱承托，上铺木板，成为多跨木梁桥。栈桥还有一种形式是偏桥，连接古代山区道路中断之处，因偏于河谷一侧而得名。秦汉时期在秦岭和西南夷栈道中修建了不少偏桥。今贵州施秉县西北因架有偏桥，其地名也称偏桥。《水经注》漳水条中有"崿路中断四五丈，中以木为偏桥，劣得通行"的记载。

现代土木工程中的栈桥多为临时性桥梁，用于跨江、跨海大桥施工，下部结构为钢筋混凝土桩或钢管桩，上部结构为抗压和抗拉性能均好的钢材预制件（贝雷梁、万能杆件等）组拼成承重梁，上铺花纹钢板作为桥面系，便于拆卸和重复使用。按桥孔跨数分为单跨栈桥和多跨连续栈桥。

青岛栈桥

铁路轮渡中的栈桥由桥墩、桥台、钢梁、跳板梁和升降机械设备等组成，供机车车辆驶上和驶下渡船。桥梁的梁部结构和轨面固定不动，全部跨越河道，栈桥的梁部结构和轨面可随水位的涨落而升降，轨面坡度可随之调节。跳板梁是连接栈桥和渡船的设备，位于栈桥入水的一端。

在轮船码头中建造的栈桥主要有螺杆式栈桥或吊板式栈桥，配用大、中型渡船，能渡运货车和客车。

中国比较著名的栈桥是青岛栈桥，始建于清光绪十八年（1892），是为部队运输军需物资的专用人工码头建筑，全长440米，宽8米，钢筋混凝土结构。曾被德国、日本多次侵占。2013年5月27日清晨，暴雨造成青岛栈桥中段东侧出现了一处30多米长的坍塌，经过数次重修和改建，现栈桥全长401.45米。

输水桥

输水桥指将远处的水引到水量不足的城镇、农村以供饮用和灌溉的桥梁。又称过水桥、渡槽、高架渠。

架设于河渠、山谷、洼地、河流和道路之上，也用于排洪、排沙等。输水桥两端与渠道相接，用石料、混凝土、钢筋混凝土、钢材等建造而成。大型渡槽还可以通航，又称通航渡槽。世界上最长的通航渡槽是德国的马格德堡水桥，长918米（图1）。

渡槽最早诞生于中东和西亚地区。公元前703年，亚述国王西拿基立下令建一条483千米长的渡槽，引水到国都尼尼微。渡槽建在石墙上，跨越泽温的山谷。石墙宽21米，高9米，共用了200多万块石头，渡槽下有5个小桥拱，让溪水流过。最长最壮观的渡槽是古罗马时期修建的加尔渡槽，虽然水源离罗马仅37千米，但渡槽本身长达92千米（图2）。这是因为渡槽要保持一定坡度，依地形蜿蜒曲折地修建。中国最古老的渡槽，距今已有2000余年，早期修建的渡槽多为木石结构。20世纪30年代出现了钢筋混凝土渡槽。60年代以后，随着大型灌区工程的发展，各种轻型结构渡槽、大跨度拱式渡槽被广泛采用，预制装配式施工方法也得到推广。

渡槽由进出口段、槽身、支承结构和基础等部分组成。①进出口段，包括进出口渐变段、与两岸渠道连接的槽台、挡土墙等，其作用是使槽内水流与渠道水流平顺衔接，减小水头损失并防止冲刷。②槽身，起输水作用，对于梁式、拱上结构为排架式的拱式渡槽，槽身还起到纵向梁的作用。槽身横断

图1 德国的马格德堡水桥

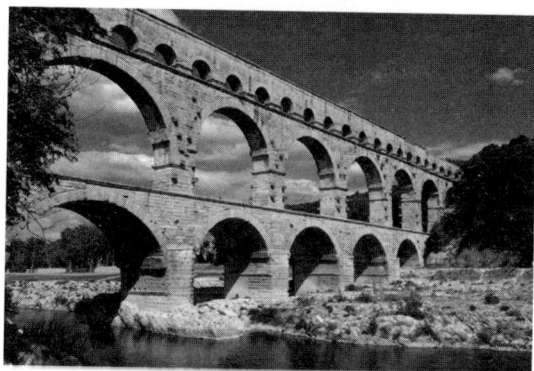

图2 加尔渡槽

面形式有矩形、梯形、U形、半椭圆形和抛物线形等，常用矩形与U形。横断面的形式与尺寸主要根据水力计算、材料、施工方法及支承结构形式等条件选定，有的渡槽将槽身与支承结构结合为一体。③支承结构，可分为梁式、拱式、梁型桁架式、桁架拱（或梁）式以及斜拉式等。梁式支承结构有重力式槽墩、钢筋混凝土排架及桩柱式排架等。拱式支承结构由墩台、主拱圈及拱上结构组成，槽身荷载通过拱上结构传给主拱圈，再由主拱圈传给墩台。此外，也有单根圆形钢管做成的拱形结构。斜拉式支承结构由塔架与塔墩（或承台）组成，并由固定在塔架上的斜

拉索悬吊槽身。④基础，为渡槽下部结构，其作用是将渡槽的全部重量传给地基。

公路桥

公路桥指专用于在不同等级公路上通行汽车的桥梁。

公路桥对当地政治、经济、国防等都具有重要意义，应根据桥梁使用任务、性质和所在线路的远景发展需要，按照安全、耐久、适用、环保、经济和美观的原则进行总体规划和设计。公路桥的设计基准期为 100 年。

中国公路桥梁将汽车荷载等级分为公路 -I 级和公路 -II 级。位于高速公路、一级公路和二级公路上的公路桥应采用公路 -I 级，位于三级和四级公路上的公路桥采用公路 -II 级。

公路桥设计一般需要经历初步设计和施工图设计两个阶段。对于复杂桥梁，需增加技术设计阶段；对技术要求简单的中小桥，可采用一阶段设计，即以扩大的初步设计来包含两阶段设计的主要内容。

公路桥主要有以下分类方式：①按照使用年限，公路桥分为永久性桥和临时性桥。永久性桥用强度高的石料、钢筋混凝土、预应力混凝土、钢和钢 - 混组合建造而成；临时性桥多用贝雷梁、万能杆件等钢构件建造，便于拆卸和重复使用。②按桥梁结构体系划分，有拱桥、梁桥、斜拉桥、悬索桥和组合体系桥。中国《公路工程技术标准》（JTG B01—2014）根据桥梁全长或单孔跨度，分为特大桥、大桥、中桥、小桥和涵洞。③按桥面与桥跨结构的相对位置，分为上承式桥、中承式桥和下承式桥。④按跨越方式，有固定式桥、开启桥（又称活动桥）、浮桥、漫水桥等。漫水桥是建造在次要公路上的一种简易普通桥，跨越正常水位与洪水位高差较大且不通航的河流，桥梁标高按通常水位设计。洪水期间，允许水位上涨时能从桥面上漫过，交通短暂中断。世界各国建造的桥梁绝大多数是固定式桥，一旦建成后各部分构件不再拆装或移动。

公路桥的施工方法众多，总体上可分为支架施工法、预制架设法、悬臂施工法、转体施工法、劲性骨架法等。

铁路桥

铁路桥指跨越山地峡谷、河流天堑、既有交通线路，或者跨越地质条件不良地带为铁路轨道的铺设以及铁路列车的开行提供必要条件的桥梁。

铁路桥是铁路基础设施的重要组成部分。铁路桥梁为线路封闭和沉降控制，以及列车的安全、平顺运行提供了有利条件。

铁路桥按使用功能可分为普通铁路（客货混跑）桥、客运铁路桥、货运铁路（重载铁路）桥、高速铁路桥等类型。

铁路桥梁由上部结构、支座、桥墩、桥台、基础等部分组成，包括钢筋混凝土梁铁路桥、预应力混凝土梁铁路桥（图1）和钢梁铁路桥（图2）等，多采用简支梁、连续梁、

图1 预应力混凝土梁铁路桥

图2 钢梁铁路桥

悬臂梁等梁式桥，也采用斜拉桥、拱桥、刚构桥等特殊结构型式。

与同等跨度的公路桥梁相比，铁路桥梁的自重、列车活载占设计荷载的比重及列车活载效应都较大。

公铁两用桥

对于基础工程复杂、墩台造价较高的大桥或特大桥，以及靠近城市、铁路公路均较稠密而需建造铁路桥和公路桥以连接线路时，为了降低造价和缩短工期，可考虑建造公路、铁路同时共用的桥梁。

钢桁梁公铁两用桥按公路路面所在的平面可分为：公路与铁路分别在上、下层的双层式公铁两用桥和公路铁路在同一平面的平列式公铁两用桥。①双层式公铁两用桥。布置的公路桥面视野开阔，主桁架的中距可由铁路净空的需要以及横向刚度的条件来确定，但为使桥头公路能够和公路桥面接通，又必须为桥头公路修建匝道。②平列式公铁两用桥。铁路布置在两片格架之间，公路分别置于两桁架之外，左右对称。此种布置具有公路路面标高较低的优点，但桥头公路的接线不可避免地与铁路相互交叉。铁路与公路的交叉布置以立交为最好。

公铁两用桥规划时，公路桥面设计宽度与公路运输量有关。在一般情况下，若铁路为单线，则公路为双车道（有时也可设三车道）。对于双层式桥，若铁路为双线则公路设计应以不少于四车道为宜。中国的钱塘江大桥和武汉长江大桥为公铁两用钢桁梁桥，芜湖长江大桥和武汉天兴洲长江大桥为公铁两用斜拉桥。

高速铁路桥

高速铁路线上桥梁占比大，高架桥、长桥多，有利于跨越地质不良地段、保证线路平顺性和稳定性、实现全封闭行车模式，同时也可节省农田、减少土方工程。

为了保证高速列车的平稳性和安全性，高速铁路桥必须具备足够的纵向、横向、竖向和扭转刚度，关键设计参数包括梁体基频限值、徐变变形、挠跨比、梁端转角、基础沉降量及桥墩纵向线刚度等。

高速铁路桥梁可分为高架桥、跨谷桥和跨河桥，以预应力混凝土桥梁为主，结构型式包括简支梁、连续梁、刚构、拱结构等，截面形式多为双线整孔箱形截面，小跨度桥梁也可采用多片 T 形梁等。高架桥跨度多在 40 米以下、墩高多为 3 ～ 10 米。

日本和西班牙高速铁路桥大量采用混凝土 T 形梁，法国以连续梁为主，德国、意大利、韩国大量采用简支箱梁。主要施工方法包括顶推法、膺架法和移动模架法。

中国高速铁路桥梁占线路总长的比例较高，并以采用标准设计的混凝土简支梁桥为主，主要采用跨度 24 米、32 米和 40 米预制后张法预应力混凝土简支箱梁，施工方法主要采用沿线设制梁场集中预制、运梁车沿线路运输、架桥机架设。预制箱梁按设计速度分为 250 千米 / 时和

350 千米／时，桥上轨道形式分为有砟轨道和无砟轨道，桥墩结构型式包括圆端型空心墩和双柱式桥墩等。常用跨度桥还包括跨度 32 米＋ 48 米＋ 32 米、40 米＋ 56 米＋ 40 米、40 米＋ 64 米＋ 40 米、40 米＋ 72 米＋ 40 米、48 米＋ 80 米＋ 48 米、60 米＋ 100 米＋ 60 米等采用标准化设计的预应力混凝土连续箱梁。

中国高速铁路有代表性的桥梁有：世界上最重的高铁桥梁——南京大胜关长江大桥，中国首个高铁斜拉桥——武汉天兴洲长江大桥，世界上最大跨度的公铁两用斜拉桥——沪苏通长江大桥，世界上最高的高铁桥梁——沪昆高铁北盘江大桥，世界上首座高铁悬索桥——五峰山大桥等。

人行桥

人行桥指供行人步行和自行车行驶的桥梁。建造人行桥的主要目的，是为了避免行人（包括人力或电动自行车）与机动车相互干扰，保证交通安全。

在城市繁华街道处或交叉路口设置的人行桥，也叫过街天桥。为节省用地，行人上桥的步道设置较陡，自行车则只能推行过桥。连接城市建筑之间的、封闭的或带顶棚的人行桥，称为廊桥，通常只作为人行步道。跨越公路或铁路的人行桥，也叫跨线人行桥。为使行人和自行车便捷过桥，可以专设允许自行车骑行上桥的人行桥；条件允许时，宜分别设置人行通道和自行车通道。

人行桥的跨度和宽度有限，桥梁设计荷载相对较轻，可采用各种桥型和各种建筑材料。人行桥的设计、施工和养护维修与常规桥梁类同。条件允许时，宜通过结构造型和适当装饰，协调好人行桥与周边环境的关系，取得良好的桥梁建筑艺术效果。

管道桥

管道桥指架设并跨越河流、湖泊、峡谷、深沟等自然障碍物，用于输送石油、天然气、水等液体或气体的管道式桥梁。又称管道跨越。

管道运输是能源等长距离运输的重要手段。由于地形地貌的限制，管道经常需要通过河流、湖泊、峡谷、深沟等自然障碍物，当从地下或水下穿越受到限制时，则宜采用架空的管道跨越。

管道桥的设计，除常规的恒载、风载、地震力和温度作用等以外，还需要考虑清管荷载、充水试压荷载、介质脉动作用等。

管道桥的结构形式，主要有大跨度的悬索、斜拉结构和中小跨度的拱式、梁式结构。对于长距离跨越工程而言，悬索结构的优势明显，在油气长输管道中较多采用。

管道悬索桥起源于 20 世纪 20 年代。早期管道悬索桥将管道直接吊挂在主缆上，随着管径的增加及荷载的增大，并考虑管道受力和检修需要，引入钢制梁格体系或桁架作为加劲梁，管道本身不再直接承受吊索拉力。因管道悬索桥的柔度大，风荷载产生的动力响应明显，需要设置抗风缆以提高结构的刚度与稳定性。

世界上跨度最大的管道桥是 1979 年建成的乌克兰普里第聂伯罗夫斯克悬索桥，跨度 720 米。美国 1955 年建成的大塔悬索桥，跨度为 659 米。

从 20 世纪末期起,中国开始大力发展管道运输,管道桥也随之得到发展。在西气东输管道工程中,2004 年建成的中卫黄河管道跨越采用钢桁梁结构,跨度 85 米;2009 年建成的野三河桥采用悬索跨越,跨度 240 米。在中缅油气管道和中贵天然气管道上,典型的大跨度管道悬索桥有:澜沧江管道悬索桥,跨度 280 米;怒江管道悬索桥,跨度 320 米;红水河管道悬索桥,跨度 300 米;乌江管道悬索桥,跨度 310 米等。

跨谷桥

跨谷桥指跨越山区谷地的桥梁。

与平原地区的桥梁相比,跨谷桥的设计和施工应充分考虑山区地形条件险峻、地质结构复杂、气候条件多变、生态环境脆弱、施工条件艰难等特点。当代跨谷桥具备 3 个显著的特点:桥面(从桥面至谷底水面或地面的高差)高、桥墩高、跨度大。

各种桥型均可用于跨谷桥。对于山区陡峭的 V 形峡谷,因不宜在深谷中设置高桥墩,需采用一跨越谷的桥型。根据峡谷的宽度,可选用大跨度拱式桥、斜腿刚架桥、斜拉桥或悬索桥。对于较为开阔平坦的河漫滩河谷,宜采用高墩大跨的连续结构,尽量减少高桥墩。对坡度大、谷宽较窄、无水或少水的沟谷,可采用沟心设墩、一墩两跨的设计,这既可保护自然环境,还可降低诱发地质灾害的概率。另外,因桥下净空通常不受限制,山区跨谷桥多为纵坡较大的上承式桥。

世界上典型的跨谷桥有:①中国的四渡河大桥。沪蓉西高速公路上跨越四渡河峡谷的桥,采用悬索桥结构,主跨 900 米,桥面距谷底

496 米，2009 年建成通车。②中国的沪昆客运专线北盘江大桥。采用上承式钢筋混凝土拱桥一跨越谷，主拱跨度 445 米，桥面距离谷底 283 米，2015 年主跨合龙。③法国的米约大桥。位于法国南部的塔恩河谷。采用多跨斜拉桥结构，全长达 2.46 千米，分成两个 204 米的边跨和 6 个 342 米的主跨，共用 7 个高桥墩支撑，其中最高的桥墩高达 343 米。2004 年 12 月建成通车。④中国的腊八斤大桥。四川雅泸高速公路上的一座跨谷桥。采用 105 米＋2×200 米＋105 米大跨度预应力混凝土连续刚构，桥墩采用分幅式钢管混凝土组合墩，最大墩高 182.5 米，2012 年建成通车。

跨海桥

跨海桥指跨越海湾、海峡以及为连接近岸岛屿而在海上建造的桥梁。

跨海桥的修建与社会经济活动有密切关系。中国北宋时期修建的洛阳桥跨江接海，可视为跨海桥的先驱。1826 年，英国在梅奈海峡建造了跨度 176 米的链式悬索桥，至今仍存。1937 年，美国建成主跨 1280 米的金门大桥，其位于圣弗朗西斯科（旧金山）湾湾口，横跨金门海峡，是第一座现代化的跨海峡桥。建于 1952 年的美国切萨皮克湾大桥，桥长 6.95 千米，是早期的跨海湾桥。

跨海桥可用的结构形式、建造材料和施工技术与内陆江河上的桥梁基本相同，但因需面对更为复杂多变的海洋气象、水文和地质条件，其工程建造和运营维护的难度远高于内陆江河上的桥梁。

跨海桥一般具有以下特点：①建设规模大，全桥长度短则几千米，长则数十千米；对跨越海湾的长桥而言，中等跨度的非通航孔桥的长度占比高。②通航孔桥的净空高、跨度大、基础深，深水基础施工的难度大。③结构需安全承受强风、波浪、潮汐、海流等的作用，也需防范风暴潮、台风、地震及海啸等的侵袭。④桥梁处于复杂的海洋腐蚀环境，对材料及结构的耐久性要求高。⑤海上风大雾浓、水深流急、潮涌浪高，恶劣的自然环境条件会给桥梁建造及运营带来安全风险。

在设计方面，对通航频繁的海峡或海上航道处，多采用大跨度悬索桥或斜拉桥作为通航孔桥；对其他水深较浅、水域宽阔的海面，多采用跨度适中的预制或装配式梁式桥作为非通航孔桥。在施工方面，风、浪、潮、雾等不利条件会缩短海上有效作业时间，而深水环境却可发挥大型船舶和大吨位浮吊等设备的能力。因此，跨海桥的建造应推行预制化、大型化和机械化，采用以大吨位预制和浮运架设为主的施工方法，尽量减少海上作业量，以提高工效并保护海洋环境。

世界上著名的跨海长桥有：法赫德国王大桥、克里米亚大桥、淡布隆跨海大桥等。中国的跨海大桥自 21 世纪初才开始起步，发展迅速，已建成的跨海桥有东海大桥、杭州湾跨海大桥、港珠澳大桥、青岛海湾大桥、金塘大桥等。

廊　桥

廊桥指带顶盖或设有廊屋的桥。

现代廊桥或为城市建筑之间架空的人行通道，或为造型多样的跨河或跨线人行桥。传统廊桥均为木石结构，除提供行人通行外，还可供人们社交、休憩甚至交易、祭祀等，成为带有浓郁地域特色的公共建筑。因廊桥多可遮风避雨，在中国一些地区也习称其为风雨桥。

中国廊桥的历史十分悠久。秦朝皇宫里的"复道"或"阁道"建筑，上建楼阁，下跨河水，建筑外形与廊桥无异。在成都金沙遗址的考古中，曾发现两座建于西汉时期的木廊桥遗骸。在宋代的绘画作品中，有对木梁廊桥的描绘。今天浙闽山区的木拱廊桥，与宋代出现的单孔木拱桥技术一脉相承。随着人口的迁徙和技艺的传播，中国的闽浙赣客家地区、武陵山区、黔桂山区、西南山区等各自发展出特色鲜明的廊桥。

传统廊桥是桥与廊的结合。桥的结构形式主要是木拱、石拱和木梁，廊的建筑形式则式样不一。浙江庆元的如龙桥是一座单孔木拱廊桥，始建于 1625 年，桥长 28.2 米，净跨 19.5 米，桥宽约 6 米，是中国迄今有确切纪年、寿命最长的木拱廊桥。该桥木拱架是由多根粗大圆木纵横拼接对拱而成的"八"字形构造，不用一钉一铆。桥上楼、亭、廊三位一体，造型讲究，构造合理，

广西三江程阳桥

极具考古和科研价值。广西三江的程阳桥是中国侗族地区规模最大、造型最美观的一座风雨桥。该桥始建成于1924年，桥长77.76米，宽3.75米；结构为四跨木梁，净跨约14.8米。该桥吸收了侗家鼓楼建筑的元素，在墩台之上分建5座多角形亭阁，集亭、廊、楼、阁、梁于一体，凿木榫接，浑然天成，宏伟壮观，特色鲜明。

城市桥梁

城市桥梁指城区范围内建造的跨河、跨江、跨海湾桥梁、立交桥梁及人行桥梁等。

城市桥梁更加注重无障碍设计和行人、非机动车的通行，同时也更加注重桥梁与城市景观的协调。

城市桥梁根据城乡规划确定的道路等级、城市交通发展需求，遵循有利于节约资源、环境保护、防洪抢险、抗震救灾的原则进行设计。

桥梁美学成为城市桥梁建设的重要内容，城市桥梁是城市中一道亮丽的风景线，有的甚至是一座城市的标志。

昆山玉峰大桥就是一座典型的城市桥梁。设计突破传统桥梁设计理念，更加注重行人、非机动车与机动车的分离，方便市民观光游览的同时也实现了桥梁与城市景观的协调。

桥梁施工

钢桥制造

以钢板和型钢为主要材料，按照设计和相关工艺要求，利用工艺装备制造钢桥构件（包括梁段、杆件及节点板、连接板等）的生产过程。

小跨度上承式钢桥，在运输和架设条件许可的情况下，可在工厂内完成整孔的制造。对钢桥制造的质量要求是：制成品的几何尺寸和工地孔眼位置须有较高的精度，以利工地拼装架设；钢材经冷加工或焊接后的物理性能和铆、焊的质量须符合规范规定和验收标准。

◆ 制造工艺

用辊压机及型钢矫直机先将钢板或型钢整平、调直，再按用施工图（按照设计图分解而成）放样制作的样板、样杆在钢料上划出切割线，用剪切机、电锯或切割机切割钢料。构件在工厂组装，以往常用铆接，现以焊接为主。工地连接过去也用铆接，现多用高强度螺栓连接或焊接。除了用精密焰割机使切割边缘达到光洁度者外，一般需用刨边机或铣边机进行边缘加工。铆钉或螺栓的孔眼，可用轨行钻床或手持电钻、风钻制孔。铆接杆件可用风动铆钉枪或铆钉机铆合。焊接杆件应按焊缝类型与设计要求，分别使用埋弧自动焊、半自动焊或手工焊。为保证焊接质量，对高强钢或厚钢板可采用预热工艺。高强度螺栓连接的摩擦面，用喷丸（砂）除锈和表面粗糙处理后，喷铝或涂无机富锌漆以保证摩擦系数。构件制成后，经过整修、试装、除锈、油漆（底漆两度、连接面除外）工序，然后发往工地拼装架设。在钢桥的制造过程中，要有严格的质量检查制度。对于焊缝，除进行外观检查外，应按规程或设计要求用超声波或 X 光（或 γ 射线）探伤检验。

◆ 工艺装备

主要有胎型、卡具和钻孔套样板。胎型的功能是用其挡具来控制构件的几何形状及尺寸，一般由底盘、定位挡具及托架组成，分固定和转动两种形式。桁架梁的铆接纵梁和横梁可在专用的固定胎型组装，用冲钉及组装螺栓固定各料件的相对位置后扳开挡具将构件吊出胎型，再行铆合。主桁杆件则可用卡具控制其截面宽度。焊接桁梁构件或箱形梁段可用卡具或胎型控制其各部尺寸，并用定位焊固定其料件的相对位置后再移到转胎内施焊（为避免仰焊以保质量）。钻孔套样板习称机器样板，它是在厚度最小为 12 毫米的钢板上按照孔眼位置镶嵌渗碳钢钻孔套而成。钻孔套硬度高于钻头，其位置及内径尺寸精度高，用它控制钻孔，可保证孔眼精度。数控技术逐步应用到钢桥制造的放样、焰割、制孔等工序，使钢桥生产自动化程度和产品质量得到显著提高。

混凝土桥制造

按照设计要求，在预制工厂或临时预制梁场制造钢筋混凝土桥及预应力混凝土桥的构件、梁段或梁片的生产过程。

生产设备主要有：①混凝土加工设备，包括水泥、集料及外加剂的储运、计量、搅拌等设备。②钢筋及预应力筋加工设备，包括整直、切断、钢筋焊接和弯钩、钢丝编束、锚具制作、孔道成形、预应力筋张锚、孔道压浆等机具设备。③混凝土灌筑设备，包括模板及混凝土输送、灌筑、振捣、养护等机具。④搬运梁设备，包括龙门吊机、存梁台座、运梁台车等。

生产前，先对预制厂（场）进行规划，根据桥梁的规格、制造数量、运梁距离、施工工期等要求选择预制厂（场）的位置和大小，并对梁场施工设施（包括混凝土搅拌站、料仓、制梁台座、存梁台座、钢筋加工车间、钢筋制作胎架、料库等）进行设计与建造。

钢筋混凝土桥的制造工序为：立模、安装钢筋、灌筑混凝土、养护、拆模等。预应力混凝土桥的工艺分先张法和后张法两类。先张法先张拉预应力筋再灌筑混凝土，待混凝土达到一定程度后放松预应力筋，利用预应力筋和混凝土的黏结力将预应力传递到混凝土上。先张法的制造工序为：张拉预应力筋、立模、安装钢筋、灌筑混凝土、养护、拆模、放松预应力筋等。后张法先灌筑混凝土后张拉预应力筋。其制造工序为：立模、安装钢筋、孔道成形、灌筑混凝土、养护、拆模、张拉预应力筋、孔道压浆等。

桥梁分段施工控制

分阶段逐步施工中的桥梁结构受力和变形状态的控制方法。

在分段施工过程中，结构刚度小、变形大，尽管恒载较小，仍将产生显著的结构非线性效应，包括材料非线性、几何非线性和时变（混凝土徐变）非线性。分段施工过程中存在着随机误差的影响，这种影响涉及参数误差、测量误差和操作误差，使得桥梁结构的几何线形和内力状态很难达到期望目标。随着计算机和现代控制理论的迅速发展，有必要也有可能以施工与分析并重、工程与控制结合、结构与系统比拟，探讨合理的分段施工桥梁结构的计算分析与工程控制方法。

桥梁分段施工控制是现代控制理论与分段工程方法相结合的必然产物。随着桥梁跨径的不断增大以及新材料、新工艺、新的施工方法在桥梁工程中的大量应用，桥梁分段工程控制所涉及的范围越来越广泛。在桥梁结构设计阶段，它可用来控制确定成桥阶段的结构理想状态，以及为实现这一目标桥梁结构在各个施工阶段的结构理想状态，通常称之为设计阶段分段工程控制或结构理想状态控制。在桥梁结构施工过程中特别是重复性很强的分段施工过程中，它可在各个施工阶段分辨识别结构状态参数，预测估计实际结构状态，最优控制成桥结构状态，通常称之为施工阶段工程控制或结构最优状态控制。桥梁分段施工控制理论和方法主要包括开环控制、闭环控制和自适应控制等。

◆ 开环控制

对于跨径不大、结构简单的桥梁结构，一般总是可以在设计计算中按照桥梁结构的设计荷载精确计算出成桥阶段的结构理想状态，并根据各个施工阶段的施工荷载准确估计出结构的预拱度，在施工过程中只要严格按照这个预拱度进行施工，施工完成后的结构状态就基本上能够达到结构理想状态的几何线形和内力状况。因为在这种施工过程中的控制作用是单向向前的，并不需要根据结构的实际状态来改变原先设定的预拱度，因而称为开环控制方法，又称为确定性控制方法。

◆ **闭环控制**

对于跨径大、结构复杂的桥梁结构，尽管可以在设计计算中精确计算出成桥状态和施工阶段的理想结构状态，但是由于施工中的结构状态误差和测量系统误差的存在，随着施工进展误差就会积累起来，以致到施工完成时,代表实际状态的几何线形和内力状况偏离了结构理想状态，这就要求在施工误差出现后，进行及时的纠正或控制。虽然结构理想状态无法实现了，但可以按某种性能最优的原则，把误差已经发生的结构状态控制到所谓结构最优状态。因为这种纠正的措施或控制量的大小是由结构实际状态（计入误差）经反馈计算所确定的，这就形成了一个闭环反馈系统，因而称为闭环控制或反馈控制。由于在这个控制系统中出现了结构状态误差和系统量测误差，因此又称为随机性控制。

◆ **自适应控制**

虽然闭环控制方法能够通过控制作用，消除由模型误差和测量噪声所引起的结构状态误差，但是这种随机性控制方法只是在施工误差产生以后，用被动的调整措施减小已经造成的结构状态误差对最终结构状态的影响。分段施工中实际结构状态达不到各个施工阶段理想结构状态是误差生成的重要原因之一，并会使系统模型－结构有限元分析模型中的计算参数例如截面几何特性、材料容重、弹性模量、混凝土收缩徐变等与实际参数之间有偏差。如果能够在重复性很强的分段施工特别是悬臂施工中，将这些有可能引起结构状态误差的参数作为未知变量或带有噪声的变量，在各个施工阶段进行实时识别，并将识别得到的参数用于下一施工阶段的实时结构分析，重复循环，这将在经过若干个施工阶段的计算与实测磨合后，必然使得系统模型参数的取值趋向精确合理，使系统模型反映的规律适应实际情况，从而主动降低模型参数误差，然后再对结构状态误差进行控制，这就是自适应控制又称自组织控制的基本原理。

钢桥架设

继钢桥制造之后，将钢桥杆件或梁段架设就位并拼装成桥的施工过程。

按桥梁在施工阶段的受力状态，钢桥的架设方法可分为支架施工、悬臂施工和整体架设三类。

◆ 支架施工

包括膺架法、缆索悬吊法等。

膺架法

在桥位设置木制或钢制的落地式膺架（也称脚手架）。顶面铺脚手板，在上面拼装钢桥。膺架须有落梁装置，便于桥梁拼成后与之分离，拆除膺架。此法作业简便，并能在膺架上用千斤顶调整桥梁的位置，保证拼装的精度。但膺架的用料较多，成本昂贵，阻水面积大，仅适用于桥位不高、水浅流缓、不通航运的情况，大跨度桥梁很少采用。膺架法可利用钢桥杆件或梁段本身的跨越能力，仅在主要节点（如实腹梁梁段的接点或桁架梁斜腹杆和下弦杆的交点）上设置分立式膺架。1970 年建成的日本丰里斜张桥，在 4 个分立式钢膺架上拼装了 216 米的主梁。

缆索悬吊法

悬索桥的施工通常是先架设缆索，用缆索上临时加设的走行吊架将加劲梁的梁段逐渐提升，悬挂在缆索垂下的吊杆上，调整位置后拼装成整跨的加劲梁。施工时加劲梁梁段的自重由缆索承受。美国的金门、韦拉扎诺海峡大桥及英国的亨伯等悬索桥，均用这种方法施工。1960 年建成的瑞典阿斯克勒峡湾钢管拱桥，利用同一原理提升跨度 278 米的管拱节段，悬吊在临时施工的缆索下，调整位置后拼铆成拱，整体降落到支座上。拱、梁组合结构也可采用此法安装架设，如 1966 年建成的日本天草二号桥的 156.8 米朗格尔桁架梁就是这样施工的。1992 年开工建设的香港青马大桥也采用该法施工，大桥主跨达到 1377 米，主梁采用桁架加劲的钢箱结构，是世界最长的双层公铁两用悬索桥。采用该法施工的还有 2016 年开工建设的五峰山公铁两用长江大桥悬索桥，其主跨达到 1092 米。

◆ **悬臂施工**

包括悬臂拼装法、拖拉法等。由一个墩台悬臂施工到另一个墩台，悬臂长度等于整个桥跨者，称为全悬臂施工；在跨间设置临时墩，桥梁在墩台和临时墩间悬臂施工，悬臂长度小于桥跨长度者，称为半悬臂施工。由墩台向单一方向悬臂，称为单悬臂施工；在一座桥墩上同时向相反方向对称地悬臂，称为平衡悬臂施工。多跨连续桥的主跨可以从两端悬臂施工跨中合龙，使悬臂长度减为主跨之半。

悬臂拼装法

简称悬拼法。包括以下两种。①梁式桥悬拼法。就桥式而言，悬臂桁架梁桥在悬拼时的内力常小于设计荷载的内力，故最适宜悬臂拼装施工。如 1890 年建成的跨度 521.2 米的英国福斯湾铁路桥。1918 年建成的跨度 548.6 米的加拿大魁北克桥及 1974 年建成的跨度为 510 米的日本港大桥，它们的悬臂桁架梁均用此法施工。连续梁桥（桁架梁及实腹梁）在悬臂施工过程中常采取下列措施以减少体系转换前的结构内力：在前方桥墩旁设置托架，使悬臂端较早地得到支承；或设置塔索将悬臂端吊住，减少悬臂根部的弯矩；或在跨间设临时墩，改为半悬臂拼装。中国武汉长江大桥及南京长江大桥的连续桁架梁为全悬臂拼装（第一孔为半悬臂拼装），桥墩旁设有托架，使悬臂长度比跨度缩短 16 米。1971 年建成的枝城长江大桥悬拼跨度 160 米连续桁架梁时，在墩顶的梁上设置临时钢塔，伸出拉索吊住悬臂端。

悬臂拼装需借助锚梁，以保持悬臂时的倾覆稳定。锚梁可以是连续梁的边跨（用膺架法或半悬臂法拼装），也可以是借用桥梁杆件在邻跨（或路堤）上拼装的平衡梁。为缩短平衡梁的长度，还可压重。三跨一联的不等跨连续梁桥一般以边跨为锚梁悬拼中跨，在跨中合龙。为改善合龙的闭合条件，可按下列步骤进行：悬拼时降低两端的支座（或抬高中间两个支座），使两悬臂段能够顺利合龙，合龙后再将各支座恢复到设计位置。1968 年建成的中国宜宾金沙江铁路桥的 112 米＋176 米＋112 米三跨连续桁架梁就是这样架设的。还可用临时杆件组成连续梁进行悬臂拼装，再进行体系转换成为多跨简支梁桥。对于单跨简支梁桥，可用两端加设的平衡梁与压重作为锚梁，从两端悬拼至跨中后合龙。1969年建成的成昆（成都—昆明）铁路三堆子金沙江桥，即用此法悬拼单孔192 米简支桁架梁。2004 年开工建设的武汉天兴洲公铁两用长江大桥的主桥为双塔索面斜拉桥，桥跨布置为 98 米＋196 米＋504 米＋196 米＋98 米，主梁为片主桁的连续钢桁梁。在主塔两侧拼装施工平台后安装两个节间钢梁，在钢梁顶面拼装架梁吊机，利用架梁吊机向主塔两侧对称、逐段安装钢梁和斜拉索，同时张拉斜拉索至设计张拉力并使梁段达到设计高程，直至中跨跨中合龙。随后在边跨利用龙门吊继续拼装直至梁体支撑于边墩。在悬臂拼装全过程中，逐段对称张拉的斜拉索发挥了临时缆索和支架的支撑作用。采用该法施工的大桥还有 2003 年开工建设的苏通大桥，其主跨达到 1088 米，结构型式为双塔双索面钢箱梁斜拉桥。

②拱桥悬拼法。钢拱桥适用于宽深河流或峡谷。它的跨度较大，跨间难以设置临时墩，一般从两端悬拼至跨中合龙。为减少悬臂弯矩，可在拱端设置塔索，斜吊住悬伸的钢拱。早在 1874 年，主跨为 158 米的美国圣路易斯铁路钢拱桥就采用悬臂拼装法施工，在墩顶设木塔架，用拉索吊住钢拱，由桥墩平衡悬臂拼装至跨中合龙。大跨度钢拱桥如澳大利亚悉尼港拱桥、美国新河峡谷桥等也是采用悬拼法。跨度为503.6 米的美国贝永钢拱桥（1931），因河床基岩较浅，在跨间设置了临时墩悬臂拼装。2006 年开工建设的中国南京大胜关长江大桥主桥采用双拱联、三主桁结构的六跨连续钢桁拱桥，桥跨布置为 108 米＋192米＋2×336 米＋192 米＋108 米，采用从两侧向 192 米跨架设及 336

米双悬臂架设、跨中合龙的总体施工方案，中跨两个边墩的钢梁上各设吊索塔架一座，中跨中墩的钢梁在双悬臂架设过程中逐次安设 3 层平索辅助架梁。在次边跨和中跨共设 4 个合龙口，合龙顺序为先边跨、后中跨。

拖拉法

钢梁桥在路堤或引桥上拼装后，用卷扬机和滑轮组顺线路方向拖拉，使其在滑道上纵移悬伸架设就位。此法使用的机具设备简单，施工进展较快，适用于中等跨度的钢梁桥。拖拉滑道一般由上、下滑轨及滚轴组成。上滑轨连在纵梁或主桁主要节点下面，下滑轨铺设在路堤、引桥及桥墩顶。上下滑轨之间放进若干直径 8 ～ 14 厘米的滚轴。拖拉时，用卷扬机及滑轮组的钢索牵引，通过滚轴在滑轨间的滚动，使桥梁向前纵移。连续梁桥采用拖拉架设较为方便。几跨简支梁可临时连成一体，按连续梁拖拉架设，但需考虑到拖拉过程中受力体系的改变，加强某些截面或杆件。为减少悬臂时的杆件内力和支点反力，可在桥梁前端加设轻型导梁，或在跨间设置临时墩，使之较早地到达前方桥墩。1954 年建成的中国京广（北京—广州）铁路汉水桥三跨 55 米及 1955 年建成的黎湛（黎塘—湛江）铁路郁江桥三跨 66 米的简支桁架梁，都是临时组成连续梁拖拉架设的。单跨简支梁桥也可采用拖拉法架设，但需在前端加设导梁，后端压重，以保持悬臂时倾覆稳定。如用浮箱灌水压重，还能调整压重的位置，起到平衡滑道前后支点反力的作用。1973 年建成的中国禹门口黄河铁路桥用 64 米长的导梁及压重方法，将跨度 144 米的单孔简支桁架梁拖拉就位。

◆ **整体架设**

包括整体吊装法、浮运法、转体法、横移法、架桥机架设法等。

整体吊装法

整孔钢桥或大型梁段浮运到桥下，用起重设备整体吊装、提升或预升就位。此法多用于大跨度桥梁，需要大型吊机或利用一般起重机具（如卷扬机、滑轮组、千斤顶等）来完成。1850 年建成的英国不列颠箱管桥的主跨长 140 米，重约 1300 吨，制成后船运至桥下，用千斤顶提升就位。1973 年建成的美国跨度为 382 米的弗里蒙特公路桥用千斤顶顶升钢吊杆，将 275 米长、5800 吨重的中间拱段提升就位。日本港大桥用卷扬机滑轮组提升 186 米长、4515 吨重的挂孔。1974 年建成的巴西跨度为 300 米的瓜纳巴拉湾悬臂梁公路桥，用千斤顶将 292 米长的锚跨（包括两端悬臂），连同起重平台共重 5275 吨，提升 52 米到墩顶横移就位。中国安康汉江 176 米的斜腿刚架桥的中孔梁长 56 米，重 180 吨，也是用卷扬机及滑轮组整体提升架设的。

20 世纪 70 年代以来，日本的大型浮吊设备发展较快，起重量最大达 3000 吨，起吊高度 106 米。1975 年建成的荒川湾悬臂桁架梁桥的桥长 840 米，分为 6 个大型梁段，用一台 3000 吨及两台 1500 吨的浮吊整体吊装架设，其中最大的吊重是 195 米长的锚跨（包括两端悬臂），重 4250 吨。1976 年建成的泉北川联络桥的 172.6 米拱、梁组合结构总重 3182 吨，用两台 3000 吨浮吊一次吊装就位。

浮运法

桥梁在驳船上或在河岸上拼装后，用船浮运至桥下，利用落潮或充水压舱落梁就位。此法适用于宽阔平稳的水域,桥位和水面的高差不宜过大。驳船的设计吨位最好大于浮运重量 2 ~ 3 倍,以保证浮运体系的稳定。中国杭州钱塘江桥有 15 孔 65.8 米钢桁架梁是利用潮汐浮运架设的。1973 年建成的日本生浦桥的 195 米拱、梁组合结构,整孔浮运 400 千米到达桥位,再利用落潮架设。

转体法

整孔桥梁或大型梁体,在竖直面或水平面上旋转就位。如 1972 年建成的意大利斯法拉沙 376 米斜腿刚架桥,其斜腿竖直拼装后,绕腿底的铰轴向下倾转至设计位置。

横移法

常用于通车线路更换旧桥,能缩短中断交通的时间。在桥位两侧设置支架及垂直于线路的横移滑道。新桥在一侧支架上拼装(平行于线路)就绪后,先从桥孔移出旧桥,再将新桥横移就位。例如,1976 年建成的联邦德国杜塞尔多夫上卡瑟尔桥,为更换旧桥采用横移法新建主跨 258 米的独塔斜张桥,桥长 590 米,重 1.27 万吨,设有 4 条横移滑道,绝大部分的桥重(约 1.03 万吨)支承在独塔下的一条滑道上,用安装在新建塔墩上的千斤顶通过钢拉杆拉曳梁体,使整座斜张桥横移 47.5 米到达桥位。横移的速度平均 3.6 米 / 时。

架桥机架设法

跨度不大于 40 米的铁路上承钢板梁可在工厂内整孔制造,运往工地后用铁路架桥机整体架设。

混凝土桥架设

将混凝土桥（包括素混凝土桥、钢筋混凝土桥及预应力混凝土桥）的节段或构件浇筑或拼装成桥，或者整体架设就位的施工过程。

混凝土桥架设施工方法，按桥梁主要承重结构在施工阶段的受力状态，可分为支架施工、悬臂施工和整体架设。

◆ 支架施工

包括膺架法、拱架法、移动式支架法等。

膺架法

混凝土桥可在落地式膺架（也称脚手架）上现浇或拼装预制节段。由于混凝土桥的自重较大，膺架需按沉降量和变形量设置预拱度，并安装落梁装置。如需跨越深沟或通航河流，可用整孔脚手钢梁代替落地式膺架。有些混凝土桥受地形限制不适合设置膺架现浇或拼装，也不适合悬臂施工，可在岸上浇制或拼装后，沿膺架或脚手钢梁顶面拖拉就位，如1959年建成的中国兰州新城黄河桥，其跨度62.4米的拱、梁组合结构即采用此方法施工。

拱架法

拱桥可在拱架上现浇或拼装预制节段。早期的混凝土拱桥在木拱架上灌筑，20世纪40年代以后逐步改用钢拱架施工。法国普卢加斯泰勒3孔净跨171.7米公铁两用拱桥，在1930年用一套带系杆的木拱架，两端托在驳船上浮运到位，逐孔灌筑拱肋。1939年建成的西班牙埃斯拉拱桥，净跨192.4米，用悬吊在临时缆索上的轻型钢拱架分8次灌筑拱圈的截面，并将拱架筑在混凝土内，每次灌筑达到一定强度后，用千斤顶在拱顶预留的楔口上施加推力，使之承担一部分恒载，故所用的拱架很轻。1952 年建成的跨度 228 米的苏联第聂伯河公铁两用上承式拱桥，在常备式钢拱架上分层灌筑拱肋，拱架桁高 6 米，共 28 片，用钢量较大。1966 年建成的跨度 150 米的中国丰沙（丰台—沙城）铁路永定河七号中承式拱桥，也是在常备式钢拱架上拼装预制构件拱肋的。由于设计时考虑拱肋底板合龙后能和拱架共同受力，拱架的用钢量减为 700 吨左右。

移动式支架法

也称逐孔施工法。中等跨度的混凝土梁桥可用移动模架逐孔现浇，或用移动支架逐孔拼装。主要包括移动模架法和移动支架法。

移动模架法。模架由可移动的钢支架（桁架或箱梁）和制梁机组（包括模板、灌筑棚、张锚设备及有关机具）组成，分上承式和下承式两种。长度约为桥跨的 1.5～2.5 倍。灌筑时，模架的支腿支承在桥墩上；模架前移时，后支腿在制成的梁上移动，中间及前支腿交替支承在前方桥墩上。此法的机械化施工程度较高，浇制 1 孔 30～60 米的预应力混凝土梁只要 10～20 天，但模架的体积庞大，设备投资较多，故仅适用于桥位较高、桥梁外形大致相同的连续多跨长桥或高架桥。1955 年建成的联邦德国凯蒂格尔坡桥，最早使用移动模架逐孔现浇施工。以后，其他国家亦相继采用此法建成一些中等跨度的长桥，如 1975 年日本建成的北上川铁路桥，为 45 孔 30 米、48 孔 32 米及 7 孔 47.71 米的双线简支梁；1980 年瑞士建成的贝肯里德高架桥为 40 米＋55×55 米＋50 米＋35 米的连续梁；1983 年中国公路桥梁公司在伊拉克承建的摩苏尔 4 号桥为 44 米＋10×56 米＋44 米的连续梁等。2004 年中国武汉天兴洲公铁两用长江大桥开工建设，其铁路引桥采用跨度 40 米的预应力混凝土简支箱梁，分为上、下游两幅，采用移动模架施工，单孔梁重约 1200 吨。

移动支架法。支架用钢桁架制成，分上承式和下承式两种。上承式支架支承在桥墩上，长度大致等于桥梁的跨度。在支架上拼完一孔混凝土梁后，用起重机将支架吊出，架设到下一孔继续拼装。下承式支架较长，支承在前方桥墩及已完成的梁上，移动时可向前推进。此法的施工进度较快，并能控制拼装的质量。美国的长礁桥全长 3.7 千米，用上承式支架逐孔拼装跨度 36 米（两端孔为 34.4 米）的连续梁（八孔一联），平均每周拼装 2.25 孔。

◆ 悬臂施工

包括悬臂灌筑法、悬臂拼装法、顶推法等。悬臂的方式有全悬臂、半悬臂、单悬臂、平衡悬臂等。

悬臂灌筑法

简称悬浇法，可分为梁式桥悬浇法和拱桥悬浇法。

梁式桥悬浇法。在混凝土梁桥悬臂端设置吊篮，在吊篮内灌筑混凝土节段，并张锚预应力筋，然后将吊篮前移，逐段悬臂灌筑。悬浇节段的长度一般为 3～5 米，施工周期 7 天左右。此法的适用范围较广，大跨度预应力混凝土梁桥，宜用平衡悬臂法灌筑，以减小悬臂的长度。中等跨度梁式桥可以单悬臂灌筑。早在 20 世纪 30 年代初，钢筋混凝土梁桥就用过悬浇法施工。但是，直到 50 年代，这种施工方法和预应力混凝土技术相结合以后才充分发挥它的优越性，为混凝土梁桥向大跨度发展创造了条件。1953 年，联邦德国用平衡悬臂法灌筑主跨 114.2 米的沃尔姆斯 T 形刚构桥，它是第一座跨度超过 100 米的预应力混凝土桥。1964 年，以同样的施工方法建成本多夫 T 形刚构桥，主跨达 208 米。此后，其他国家用悬浇法又建造一些跨度超过 200 米的预应力混凝土桥，如日本在 1972～1976 年接连建成浦户（主跨 230 米）、彦岛（236 米）、滨名（240 米）3 座 T 形刚构桥；1977 年，在太平洋加罗林群岛建成主跨 240.8 米的科罗尔—巴伯尔图阿普有铰连续梁桥；澳大利亚建造的主跨 260 米的布里斯班的加特韦连续刚架桥等。中国 1967 年建成的柳州柳江公路桥主跨 124 米的 T 形刚构，1970 年建成的成昆（成都—昆明）铁路孙水河 5 号桥 32.3 米＋64.6 米＋32.3 米铰式连续梁，1980 年建成的重庆长江公路桥主跨 174 米的 T 形刚构及 1985 年建成的主跨 111 米的沙洋汉江公路桥，均采用悬浇法施工。中国铁路混凝土连续梁桥普遍采用悬臂浇筑法施工，常用跨度组合包括 32 米＋48 米＋32 米、60 米＋100 米＋60 米等，结构型式为预应力混凝土连续箱梁。

拱桥悬浇法。采用无支架的方法，从两端悬臂浇筑，在跨中合龙。由于拱肋截面的抗弯能力较弱，拱桥悬臂施工要有临时支承协助承受悬臂的弯矩。临时支承的方法：可在拱端设置塔索，吊住悬伸的拱肋；或设置拉杆与拱肋及拱上立柱构成悬臂的桁拱。1966 年，南斯拉夫用斜拉扣挂法悬臂灌筑跨度 246.4 米的希贝尼克公路拱桥。一年以后，又以同样的施工方法建成跨度 193.2 米的帕格岛公路拱桥。此后，其他国家也用悬浇法建成一些大跨度拱桥。例如，1977 年建成的跨度 154.4 米的联邦德国内卡河公路拱桥，及 1983 年建成的跨度 272 米的南非布劳克朗斯公路拱桥等，均采用塔索法悬臂灌筑。1979 年建成的日本赤谷川双线铁路桥为跨度 126 米的拱、梁组合结构，是用斜拉杆组成悬臂桁拱的方法悬浇施工。

悬臂拼装法

简称悬拼法。主要有梁式桥悬拼法和拱桥悬拼法。

梁式桥悬拼法。是将预应力混凝土梁桥预制成节段再悬臂拼装架设。和悬浇法相比，悬拼法除具有工厂预制节段的优点外，主要的特点是施工进度快，但需用吊装能力较大的起重设备，悬拼接缝也需要较高的工艺。节段间的接缝一般分为宽接缝和密接灌注接缝。宽接缝填充混凝土或干硬性水泥砂浆，故也称湿接缝。密接灌注接缝用环氧树脂，并可设剪力键传递剪力的接缝。节段的吊装可用常备的吊机（可设在悬臂端、或岸上、或船上），但更适合用推进式支架。推进式支架有长短两种。短支架的长度稍大于桥跨，采用平衡悬臂拼装时，支架前端悬臂，中间支腿支承在墩顶的梁上，后支腿支承在拼好的梁上。长支架的长度约为桥跨的两倍，悬拼时 3 个支腿均支承在桥墩上；支架前进时，后支腿在制成梁上移动，中间及前支腿交替支承在前方桥墩。由于推进式支架的成本随跨度的加大而剧增，多在跨度不超过 100 米的多跨桥中采用。1965 年建成的荷兰泽兰桥的 55 孔 91.4 米及 1966 年建成的法国奥莱龙桥的 26 孔 79 米的 T 形刚构，均采用平衡悬臂拼装架设。荷兰东斯海尔德桥的节段重 190 ～ 275 吨，用长支架吊装悬拼，接缝填充混凝土，平均进度每孔 1.5 周。奥莱龙桥的节段较轻，仅重 42 ～ 75 吨，用短支架吊装悬拼，节段间为密接灌注接缝，施工周期平均每孔 8 ～ 10 天。

1966 年建成的中国成昆（成都—昆明）铁路旧庄河桥 24 米＋48 米 +24 米有铰连续梁及 1979 年建成的兰州城关黄河公路桥 47 米 +3×70 米 +47 米连续梁等，均为悬拼法施工。2001 年建成的中国嘉浏高速公路新浏河大桥，采用专用移动支架预制节段、逐跨拼装法施工。2010 年开始建设的中国黄韩侯铁路芝水沟特大桥为首座采用节段胶接拼装法施工的铁路桥梁，桥跨组成为 19×64 米＋2×48 米。铁路桥梁节段拼装施工。

拱桥悬拼法。用塔索或用拉杆和拱肋及立柱临时构成悬臂桁拱的方法，进行悬臂拼装。1979 年，中国建成跨度 150 米的宜宾金沙江马鸣溪大桥就是用塔索协助悬臂拼成的。1980 年，南斯拉夫建成跨度 390 米的克尔克桥，其拱肋为预制构件拼装的单箱三室截面，先悬拼中间一室，并用滑模现浇拱上立柱，另在桥面位置及拱腹间设置水平拉杆及斜杆和拱肋及立柱临时构成悬臂的桁架拱，用两台 10 吨缆索吊机吊装构件，从两端悬拼至跨中合龙，悬臂长度达 195 米；最后，拼装拱肋的两侧室，完成全拱截面，并在拱顶设千斤顶进行应力调整。1979 年建成的中国浙江嵊县（今嵊州市）清风桥 2 孔 92 米箱拱，也用类似的方法悬拼施工。

顶推法

中等跨度的预应力混凝土连续梁,在桥头路堤上分节段现浇或拼装,用千斤顶顶推使其在滑道上纵移，悬臂架设就位。此法是在拖拉法的基础上发展起来的。其特点是不需要支架和大型机械设备，工程质量容易控制，边浇制边顶推，占用场地少，冬季防寒简便，施工不受季节影响，但仅能用于等高度的梁桥，桥上线路应为直线或等半径的曲线。顶推的滑道用聚四氟乙烯板和镍铬钢板组成，滑移面的摩擦系数为 0.02～0.04。

顶推的方法有：①用竖直千斤顶将梁顶高 5 ~ 10 毫米左右，使之脱离支垛，启动水平千斤顶推动竖直顶连同梁体在滑道上纵移。此法也可简化为竖直千斤顶位置固定，仅作顶落梁之用，即梁体支承在另一个滑座上，用水平千斤顶推动（也可用穿心式水平顶拉曳）滑座连同梁体在滑道上纵移。②用位置固定的穿心式水平千斤顶，通过拉杆及锚板直接拉曳梁体在滑道上纵移。顶推的反力集中作用在一处的称为集中顶推；分散在各个墩台的称为多点顶推。多点顶推的施工进度快，桥墩受到的水平力较小。为减小顶推的悬臂弯矩，可在梁端加设导梁，或设置塔索吊住悬臂端，或设置临时墩。一般情况，顶推的悬臂长度（包括导梁）以 40 ~ 50 米为宜。在顶推的过程中，桥梁的每个截面都要交替承受梁跨的正负弯矩，故需增设预应力筋。

1964 年委内瑞拉建成的卡罗尼河桥，为 48 米 + 4×96 米 +48 米的连续梁，采用集中顶推施工。顶推时加设 17 米长的导梁，并在 4 个主跨中间各设置一个临时墩。顶推速度平均每天 19.2 米。1976 年建成的南非象河铁路桥，为 11×45 米 +45 米 +11×45 米的连续梁（中孔为简支梁），全长 1035 米。施工时，将全桥 23 孔临时连成一整联连续梁，并设 18 米长的导梁，从桥的一端集中顶推，施工进度每孔 7 ~ 10 天。1983 年建成的中国包头黄河公路桥，为 3 联 4×65 米的连续梁，用 20 米长的导梁，并在每跨间设一个临时墩，采用分联多点顶推（每联重 4600 吨），顶推速度每小时 2.7 ~ 4 米。

◆ **整体架设**

包括整体吊装法、浮运法、转体法、横移法、架桥机架设法等。

整体吊装法

整孔小跨径混凝土桥或混凝土桥的大型梁段可用起重设备整体吊装架设。美国两座长 38 千米多的庞恰特雷恩湖堤桥（1956，1969），分别为 17.1 米和 25.6 米的预应力混凝土简支梁，就是纵向分片预制，用浮吊整体吊装架设的，每天完成 8 ～ 10 孔。1984 年建成的中国广东容奇公路桥为 73.5 米 +3×90 米 +73.5 米连续梁，使用浮吊整体吊装 500 吨大型梁段。

浮运法

混凝土桥也可采用浮运架设。1957 年建成的科特迪瓦阿比让公铁两用桥为 8 孔 46.5 米简支梁，每片重 800 吨，采用浮运法架设。1959 年建成的苏联卢日尼克公路和地铁两用桥为 45 米 +108 米 +45 米三跨连续系杆拱，中跨为全拱，边跨为半拱，在岸边分片拼装，在中跨两端设临时塔架，塔顶用拉杆相连且用斜杆吊住边跨，组成全重约 5500 吨的无推力结构，置于浮驳上浮运架设就位，然后拆除临时塔架及拉杆。中国杭州湾跨海大桥在海上深水区的引桥均采用跨度 70 米先简支、后连续的预应力混凝土箱梁，共计 540 孔，于 2005 年开始架设，每月可架设 30 余孔。单孔梁重 2160 吨，采用"小天鹅号"（吊装能力 2500 吨）和"天一号"（吊装能力 3000 吨）两艘运架一体船吊装。

转体法

混凝土斜张桥或拱桥可分作两个半跨，在两岸利用地形及简单支架灌筑或拼装后，以索塔或墩台为中心，在水平面内整体旋转就位合龙。转体法的特点是：施工设备简单，质量容易控制，并能节省支架用料。

转体的滑移装置可用聚四氟乙烯板和镍铬钢板的环行滑道。1974年建成的奥地利多瑙运河56米+119米+56米的斜张桥，分为两半（各长111米，重3000吨）在岸边浇筑后，以索塔为中心各转体45°就位合龙。1977年建成的中国四川遂宁琼江公路拱桥跨度70米，分为两个半拱（各重1200吨）在岸上浇筑，用卷扬机牵引各转体140°左右就位合龙。北京市五环路石景山南站高架桥主桥，为四跨连续独塔单索面预应力混凝土部分斜拉桥，桥跨布置为45米+65米+95米+40米，采用平转法施工以减少对铁路正常运输的干扰，转体重量137500千牛，球铰中心转盘球面半径为8米，上转盘球缺高1.23米，下转盘球缺高0.228米、直径3.8米，定位中心转轴直径0.26米，球铰下面板镶嵌四氟乙烯板，在上下板面间填充黄油、四氟粉以减小摩擦。

横移法

混凝土桥亦可采用横移法架设。联邦德国科隆－多伊茨桥，全长437米，分跨为132.1米+184.5米+120.7米。1979年要在1948年所建的钢梁一侧预留的位置处增设一桥，经采用和钢梁同等跨度及高度的预应力混凝土连续梁，在钢梁旁边建成后，再整体横移5.3米就位。

架桥机架设法

铁路常用跨度预应力混凝土简支梁普遍采用架桥机架设，可架设跨度16～40米混凝土预制梁，单孔梁重600～1000吨。架桥机架梁时前、中支腿和后支腿首先在桥墩上支撑到位，两个起重小车走行到架桥机后部取梁位置，运梁车运梁到位。起重小车取梁、托梁到位，运梁车开回梁场。梁体纵移到位，前后起重小车同步落梁到位完成架设。也可采用运架一体机架梁，每日可架设 1 ～ 3 孔梁。

桥梁施工机械

桥梁施工机械一般指桥梁施工所用的工程机械。其中多数属于通用机械，少数已在适应桥梁施工特点中演变为专用机械，另一些则介于以上两者之间。

◆ **基础施工机械**

主要有：①振动打桩机，也称振动沉桩机，有电动与液压两种，广泛用于桥梁的管柱或管桩基础施工。②冲击式打桩机，用于各类预制桩。早期多使用蒸汽锤，锤重可达 6 ～ 8 吨；因柴油打桩机不需配用锅炉或空气压缩机，得到广泛使用，锤重可达 20 吨，但有一定噪声和污染。③灌注桩钻孔机，除用于桥梁钻孔灌注桩外，还可为管柱在基岩上钻孔。主要有旋转、冲击和冲抓等型式，还有将钻机置于钻孔中的潜水式钻机。各式钻机可用电动或液压为动力。一般土中钻孔多用旋转钻机配以旋转式钻头；在砾石中钻孔多用冲击式或冲抓式钻机；在基岩上钻孔可用冲击式钻机或用配牙轮钻头的旋转钻机。最大钻孔能力的动力头钻机可适用于直径 5 米、钻孔深度 180 米的钻孔桩施工。④空气吸泥机，适用于清除围堰、沉井或管柱内水底的碎石泥沙。⑤自升式水上施工平台，多为非自航式，主要用于海上风力发电场建设和油田开发，也可用于跨海桥梁工程施工。将带有立柱的特制平台（即船体）浮运到工地，其柱脚插入水底地层，平台可沿立柱升降并固定。这种平台配置了大吨位吊机，可适应海上深水和恶劣的自然条件，不仅能开展桥梁基础作业

（打桩钻孔、水下基床整平等），还可为上部结构的架设提供支持。⑥各式专用作业船，包括起重船（也称浮吊，用于桥梁施工的浮吊吊重通常在 50 ～ 4000 吨，最大吊重达 1.2 万吨，既可用于桥梁基础施工，也可用于上部结构的大件吊运和架设）、打桩及拔桩船、混凝土工作船、工程铁驳、拖轮等机器人技术开始应用于桥梁基础施工，如可用于沉井施工的水下绞吸机器人等。

◆ 墩、塔施工机械

就地现浇混凝土桥墩和桥塔所用机械与常规混凝土结构施工所用者相同。在高墩和高塔的现浇施工中，模板系统多采用爬升模板和滑升模板，混凝土搅拌可用混凝土工作船或设在岸上的拌和站，提升机械可用塔架、卷扬机、塔式或缆索起重机等。拼装式桥墩或桥塔所需的起重设备应统筹基础及上部结构的拼装施工选用。

◆ 钢桥制造和架设机械

传统的钢桥制造需用到钻床、胎型、卡具、钻孔套样板等机具。钢桥制造已较普遍采用数控机械，如数控的划线机、火焰切割机、钻孔机、组装定位机床、多嘴头自动焊机和机器人焊接系统等，使钢桥制造的自动化程度以及产品的数量和质量得到显著提高。钢桥架设所用机械随施工方法的不同而有所不同，常用者是可沿结构行走的各型吊机。

◆ 混凝土桥制造和架设机械

在混凝土桥制造中所用的主要机械，除了通用的混凝土搅拌机、拌和站、搅拌输送车、输送泵、振捣器、钢筋加工设备外，先张法预应力混凝土梁还需配置专用的张拉台架，后张法者还需配置大吨位张拉千斤

顶以及穿束机、压浆机等。混凝土桥架设所用机械随施工方法的不同而
有所不同。

◆ **中小跨预制梁架设机械**

铁路中小跨预制梁均采用铁路架桥机架设。公路中小跨预制梁的分
片架设可用各型公路架桥机，或汽车吊，或龙门起重机。在跨海桥施工
中，对于中等跨度的非通航孔长桥多采用浮吊船架设。

桥梁下部结构施工

桥梁基础和桥台、桥墩的施工。

桥梁基础按其构造和施工方法分为明挖扩大基础、桩基础、沉井基
础、沉箱基础、地下连续墙及复合基础。①明挖扩大基础，可敞坡开挖、
基坑开挖或用围堰围护开挖。②桩基础，一般用锤击打入，或振动下沉，
或钻（挖）孔灌注等方法施工。20世纪60年代以来，随着水上自升平台、
高效能钻挖机械以及泥浆护壁、泥浆排土等新工艺的发展，钻孔灌注桩
在桥梁基础中的应用日益广泛。管柱施工一般靠振动强迫下沉，并在管
内用钻、挖、吸等方法清除土石，以减少下沉摩阻力。沉井和沉箱施工，
在岸滩或浅水中多用筑岛施工，深水中可用浮运施工。③沉井基础，使
用抓土机或吸泥机等在沉井内除土，同时排水或不排水下沉。④沉箱基
础，气压沉箱一般多用人力在高气压下挖土，劳动条件差，已很少使用，
现已改为机械化施工。中国桥梁使用的预制沉箱基础，陆上预制，在水
中直接设置施工。⑤地下连续墙，一般在陆上用作悬索桥的锚碇基础开
挖围挡结构，先作保护基槽上口的导墙，用泥浆护壁挖槽，放置钢筋骨

架，导管灌注混凝土置换出护壁泥浆，形成一段钢筋混凝土墙，逐段连续施工成为连续墙。⑥复合基础，每一部分施工方式和其基础本身单独施工方法类似，一般先将沉井下沉到设计位置，再进行管桩或钻孔灌注桩施工。圬工桥墩、桥台多采用就地建造，也可预制构件拼装施工，混凝土高桥墩多使用滑升模板就地灌筑。

第4章
世界著名桥梁

赵州桥

赵州桥是中国古石桥。

位于中国河北赵县，跨越洨水。建于隋开皇十五年至大业元年（595～605），初称赵州石桥，后称安济桥，俗称大石桥。为隋朝匠人李春（生卒年不详）所建。赵州桥是世界现存最早、跨度最大的空腹式单孔圆弧石拱桥，全部用石灰石建成，全长50.83米，净跨37.02米，矢高7.23米，桥面宽9米。拱由28券（窄拱）并列组成。券的每块拱石厚度约为1.03米，长约1米；拱顶宽为0.25米，部分拱石在趋近

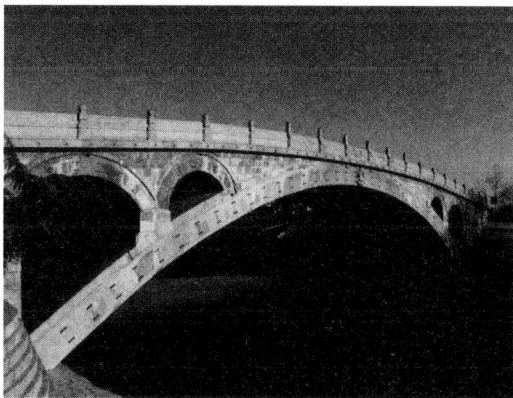

赵州桥

拱趾处逐渐放宽。在拱券之上，压有一层厚度为0.16～0.30米的护拱石（又称眉石或伏券）。在并列的券面上每隔一段距离设有铁拉条和钩

石。采取这些措施都有利于并列各券受载时不致解体。在大拱圈之上，每侧设两小拱，以减轻桥的自重并增加泄洪面积。桥台采用明挖扩大基础，建在亚黏土层上。由于桥位良好，基底应力合适，虽在1400余年中经受多次洪水及地震，至今桥无大变动。明代以来先后有8券外侧拱圈坍落河中，1954～1956年修整如新，其余20券则仍是隋代原物。赵州桥在结构上开创了世界敞肩圆弧拱的先例，建筑造型和装饰技术亦为上乘精品。原桥石工制作精良，拱券龙门石上刻有吸水兽，栏板望柱上刻有龙形浮雕，若飞若动。1961年，赵州桥由中华人民共和国国务院公布为第一批全国重点文物保护单位，1991年被选为"国际土木工程历史古迹"。

洛阳桥

洛阳桥是中国现存最早的跨海梁式石桥。又称万安桥。

位于福建泉州东北10千米处，跨越洛阳江。北宋皇祐五年（1053）

泉州太守蔡襄倡建，嘉祐四年（1059）竣工。历代多次修缮重建。1988年，洛阳桥由中华人民共和国国务院公布为第三批全国重点文物保护单位。

洛阳桥

现存的洛阳桥是

清乾隆二十六年（1761）重修的。全桥共 48 孔，长 540 米。桥面两旁护以石栏，有石柱 500 根，石栏长度与桥长同。但栏板、石柱今已不全。桥墩砌体相当庞大，两端砌成尖形，以分水势。此外有石狮 28 只、石亭 7 座、石塔 9 座、桥堍四角有石柱等。洛阳桥北有昭惠庙，桥南有蔡襄祠等文物。1932 年在桥墩上添建 1 座矮墩，其上置钢筋混凝土桥面板以行车。

宋代建桥师们建造洛阳桥时创造了垒址于渊、种蛎固基的方法。在桥址江中先遍抛石块，横过河道；然后以蛎房散置其上，蛎房是在浅海滩生殖的牡蛎，它长有贝壳，成片成丛，密集繁生，可把散乱的石块胶结成一整体。在这石基上用巨型条石砌成梭子形，即成桥墩，再在桥墩上浮运安置石梁。洛阳桥用这种方法建造了桥梁的筏形基础、加固了桥墩。为了保护桥基和桥墩，在桥位标志范围内禁止采牡蛎。这在当地成为一条法律，并为历代所沿用。

泸定桥

泸定桥是中国古代大跨度悬索桥。又称大渡河铁索桥，是中国古代桥梁建筑的杰作。

泸定桥位于中国四川省西部的大渡河上，两岸的桥头古堡为木结

泸定桥

构古建筑，为中国独有。泸定桥始建于清康熙四十四年（1705），建成于康熙四十五年，康熙御笔"泸定桥"御碑。桥长103.7米，宽2.8米，13根铁链固定在两岸桥台落井铁桩里，其中9根做底链，4根分两侧做扶手，共有12164个铁环相扣，全桥铁件重40余吨。此桥曾经创造了古代悬索桥跨度的世界纪录，是人类历史上第一座跨度超过100米的桥梁。

中国工农红军在长征途中"飞夺泸定桥"，使之成为中国共产党重要的历史纪念地。1961年，泸定桥由中华人民共和国国务院公布为第一批全国重点文物保护单位。

安澜桥

安澜桥是中国古索桥。最早称绳桥或竹藤桥。位于四川成都岷江都江堰鱼嘴分水堤之上，原长约320米。其始建年代不详，但据《华阳国志·蜀志》记载李冰"能笮"、《水经注·江水》载"涪江有笮桥"（"笮"意为竹索，是川西索桥的主要建筑材料），证明安澜桥的修建年代不会晚于都江堰。

安澜桥

宋代以前，安澜桥又名"珠浦桥"，宋初改名"评事桥"，明末毁于战火。清嘉庆八年（1803），邑人何先德夫妇倡议重修竹索桥，以木排为板，石墩为柱，承托桥身，两边以竹索为栏，行人安步狂澜，故名"安澜桥"，成为今日安澜桥的前身。民间为感恩何先德夫妇的功德，称此桥为"夫妻桥"或"何公何母桥"。安澜桥飞架岷江南北，是沟通岷江内、外江两岸的交通要道。1962 年，对索桥进行了维修，改10 根竹底绳为 6 根钢缆绳，改扶栏竹绳为铅丝绳，铅丝绳外以竹缆包缠。1964 年，因山洪暴发古桥被毁，重建后改木桥桩为混凝土桥桩，扶栏仍以竹藤包缠。1974 年因兴建外江水闸，经国务院批准，将安澜索桥由鱼嘴分水堤处下移了 100 多米，以钢索为缆索，承托缆索的木桩桥墩改为钢筋混凝土桩，改平房式桥头堡为大屋顶双层桥头堡，改单层金刚亭为可供行人休息的六角亭。现桥长为 261 米。安澜索桥是世界索桥建筑的典范，于 1982 年被列为全国重点文物保护单位。

广济桥

广济桥是一座集梁桥、浮桥于一体的中国古桥，也是世界上最早的启闭式桥梁。

古称康济桥、丁侯桥、济川桥，俗称湘子桥。位于中国潮州古城东门外，横跨韩江，联结东西两岸全长518米，

广济桥

始建于南宋乾道七年（1171），至明嘉靖九年（1530）形成"十八梭船廿四洲"的格局。为古代广东通向闽浙的交通要津，也是潮州八景之一。

与赵州桥、洛阳桥、卢沟桥并称中国四大古桥。

广济桥为浮梁结合结构，由东西二段石梁桥和中间一段浮桥组合而成。梁桥由桥墩、石梁和桥亭 3 部分组成。东边梁桥长 283.35 米，有桥墩 12 个和桥台 1 座，桥孔 12 个；西边梁桥长 137.3 米，有桥墩 8 个，桥孔 7 个，石梁宽 5 米。中间浮桥长 97.3 米，由 18 只木船连接而成。广济桥桥墩之大，堪称中国古桥之最。桥梁专家茅以升曾经这样描述："广济桥所筑桥墩，全部都是石砌，大小不一，形态各异，南北两端，均作尖形，石块与石块之间不用灰浆，但凿有卯榫，使相结合，然都庞大异常，闻所未闻。"桥上形式各异的楼台亭阁是该桥的一大景观，因兼作经商店铺，故有"廿四楼台廿四样""一里长桥一里市"之美称。1949 年，广济桥已是残破不堪，1958 年对全桥进行加固维修，并拆除了十八梭船，改建为梁桥。2003 年 10 月，广济桥开始进行全面维修，总体以明代风格为修复依据，功能定位为旅游观光步行桥，工程历 4 年而成。如今，在 21 座古桥墩上面重建了形态各异、古色古香的 12 座楼阁和 18 座亭屋，中间的十八梭船浮桥也得到恢复，千年古桥梁舟结合、重瓴联阁的华丽丰姿已然再现。楼阁和亭屋上面还镌刻了由中国多位书法家所书写的楹联和匾额，具有极高的艺术欣赏价值。1988 年，广济桥由中华人民共和国国务院公布为第三批全国重点文物保护单位。

蒲津浮桥

蒲津浮桥是中国古代浮桥。

古代的蒲津浮桥位置在今山西省永济市，对岸为陕西省朝邑县（现属大荔县朝邑镇）。早在春秋战国时代就有在此造浮桥的记录（见杨伯峻《春秋左传注》昭公元年夏）。北朝时期，此地又因军事需要架起浮桥，直到唐玄宗开元（713～741）年间浮桥都是沟通黄河两岸的主要通道。只是因为使用竹制缆绳，必须经常更换；每到春初冰水顺流而下，往往造成更重大损坏，维修保养甚为不便。

唐朝开元九年到十二年（721～724），在玄宗大力支持下，由兵部尚书张悦负责对蒲津浮桥进行了彻底性的翻修，主要措施有：①以沉重的铁牛、铁人、铁山、铁柱埋在两岸，供系缆绳之用，大幅度增加了岸锚的力度。②以环状铁链将舟船连在一起，主缆两端固定在岸锚上，增加了桥梁的稳定性，同时又提升了对抗水流的能力。③针对河中淤积，予以疏通，并加大舟船间的距离，既减少所需船只的数量，又可以让冬春凌汛期的冰水顺利通过，降低凌汛对浮桥的威胁。

唐后，历代仍然继续维修、使用蒲津浮桥，虽然在北宋时曾经因大洪水导致桥梁损坏，铁牛也沉没河中，但是在僧人怀丙的巧思下，铁牛又回到了原位。金代末叶（13世纪初），桥曾毁于兵乱，但明太祖洪武二年（1369），为了军事需要又恢复了浮桥。武宗正德（1506～1521）、

出土的蒲津浮桥大唐铁牛

神宗万历（1573～1620）年间，均曾加以整建。随着黄河变道，蒲津浮桥再也无法恢复昔日的风采，中华民国时期，不仅浮桥早已荡然无存，甚至铁牛、铁人等都埋入黄河的泥土淤沙之中，不见踪迹。

1988年3月起，永济市博物馆工作人员根据文献记载，并结合当地遗老的印象与经验，在永济城西15千米、蒲州古城西门外的黄河东岸，进行大规模发掘，历经4年，至1991年6月，深埋已久的大唐开元铁牛4头、铁人4尊、铁山2座、七星铁柱1组及若干历代文物相继出土，从一个方面印证了蒲津浮桥的历史。

钱塘江大桥

钱塘江大桥是跨越钱塘江的公铁两用桥。位于中国浙江省杭州市。

钱塘江大桥沟通了沪杭铁路和浙赣铁路，并把华东公路干线连接起来。钱塘江大桥于1935年4月全面开工，1937年9月建成通车。该桥是在茅以升和罗英的主持下，由中国工程师设计监造的第一座大型公铁两用桥。桥全长1453米，正桥长1072米，共16孔，墩距67米，每孔跨度为65.84米。上层桥面为6.1米宽的公路及两侧各宽1.5米的人行道，下层桥面为标准轨距的单线铁路。桥梁上部结构为简支

钱塘江大桥

平弦钢桁梁，主要受力构件采用铬铜合金，浮运安装，桥梁下部结构为钢筋混凝土桥墩和沉箱基础。桥墩共 15 座，其中 6 座的基础下达岩层，另 9 座采用长送桩将木桩打至岩面，然后将沉箱沉至桩顶。全桥共用钢材 6895 吨，水泥 9865 吨。

钱塘江造桥主要困难是：①江底全为流沙，深达 40 米始至岩层，受水冲刷，随时下陷。②有著名的"钱塘潮"，给基础施工增加了很多困难。修桥时采用基础、桥墩和钢梁 3 种工程同时并进一气呵成的施工方法。

钱塘江大桥通车 3 个月后，在日军侵入杭州前夕，中国军队于 1937 年 12 月 23 日将桥炸毁。有一座桥墩全毁，5 孔钢梁损坏坠落江中。这座桥在抗日战争末期经修理，铁路勉强通车。抗日战争胜利后又经修理，1947 年铁路、公路基本恢复通车。中华人民共和国成立后，开始全面修整，至 1953 年完工。在随后的几十年中，陆续开展了铁路人行步道改造、公路桥面拓宽、第 1～8 孔钢梁更换、铁路电气化改造、铁路桥面更换等。

武汉长江大桥

武汉长江大桥是中国第一座跨越长江的固定式永久性公铁两用桥。又称万里长江第一桥。

该桥接通原京汉、粤汉两铁路为京广铁路，连通中国中部的公路网。桥位于武汉市汉阳龟山和武昌蛇山之间。1913～1953 年前期规划和设计工作共计 40 年，1955 年 9 月正式开工，1957 年 10 月 15 日建成通车。

桥全长 1670 米，其中跨长江正桥为 3 联 3 孔各 128 米连续钢桁梁，8 墩 9 孔，长 1156 米，悬臂拼装架设。江中 1～8 号桥墩的基础，除 7 号墩为钢筋混凝土管桩基础外，其余均为管柱基础。汉阳岸引桥共 17 孔，长 303 米；武昌岸引桥共 12 孔，长 211 米，多为跨度 17.2 米的钢筋混凝土简支梁桥，外观则形如联拱。桥分上下两层，上层公路面宽 18.0 米，两侧人行道各宽 2.25 米；下层为双线铁路。

在大桥的正桥与基础方案确定后，原铁道部向全国征集桥头堡和引桥的设计方案。1955 年 2 月在周恩来主持的政务院会议上，唐寰澄提交的第 25 号方案被选用。

南京长江大桥

南京长江大桥是跨越长江，连接津浦和沪宁铁路、南京和浦口市区交通干道的公铁两用桥。

位于中国江苏省南京市，1960 年 1 月开工，1968 年 12 月建成通车，由大桥工程局设计施工，建桥总工程师为梅旸春，是当时中国规模最大的桥梁。

该桥的正桥长 1576 米，共有 10 孔。自浦口岸桥头算起，第 1 孔为跨长 128 米简支钢桁梁，后为 3 联 3 孔各长 160 米、带下加劲弦杆的连续钢桁梁，悬臂拼装法架设。设双层桥面，上层公路面宽 15 米，两侧人行道各宽 2.25 米，下层为双线铁路桥面。两岸以桥头建筑作为正桥和引桥的分界，正桥桥头之后，铁路、公路引桥分别沿直线和弯道逐渐分岔。沿铁路桥面，桥全长 6772 米，沿公路桥面，桥全长 4588 米。

正桥的铆接主桁和铁路
横梁采用 16 锰桥低合
金钢，公路焊接纵梁采
用 16 桥钢，其他采用
3 号桥梁钢。铁路引桥
共 159 孔，公路引桥共
91 孔，大部分采用跨度

南京长江大桥

31.7 米预应力混凝土简支梁。公路引桥接近地面部分采用双曲拱桥，南
京岸 18 孔，浦口岸 4 孔。此外，为了便利地区交通，南京岸另有双曲
拱的分岔落地桥 11 孔。桥墩高约 80 米，9 个桥墩基础分别采用重型混
凝土沉井基础、钢沉井加管柱基础、浮式钢筋混凝土沉井基础和钢板桩
围堰管柱基础等。

　　桥主体工程用钢料 66516 吨、混凝土 384063 立方米。桥头建筑采
用南京工学院（今东南大学）的综合设计方案。1985 年，南京长江大
桥获国家科学技术进步奖特等奖。

来宾红水河斜拉桥

　　来宾红水河斜拉桥是中国第一座铁路斜拉桥。

　　位于广西壮族自治区来宾县（今兴宾市），由铁道部科学研究院（今
中国铁道科学研究院）设计，柳州铁路局（今南宁铁路局）施工。1981
年建成通车。该桥跨度组合为 48 米 +96 米 +48 米，为塔梁固结的单线
铁路预应力混凝土斜拉桥。主梁为 3 跨连续等高度单箱双室箱形梁，梁

高 3.2 米，底宽 4.8 米、顶宽 5.6 米。桥塔高 29 米，由两根竖直塔柱和两片燕尾形横撑组成门式框架。两个平行索面各由 3 对竖琴型布置的拉索组成，拉索与主梁的水平夹角为 28°49′，每根拉索由 6 根钢束组成，钢束采用 10-7Φ5 钢绞线。拉索两端设置特殊设计的槽销式组合锚，利用 TD-100 型通用多作用千斤顶张拉，锚固于塔及主梁牛腿。拉索容许在运营期间进行更换和索力调整。全桥采用盆式橡胶支座。

来宾红水河斜拉桥

红水河斜拉桥边跨采用膺架法，中跨采用悬臂浇筑法施工。在设计和施工过程中曾进行了如下专项试验：缩尺 1/30 全桥结构模型试验、缩尺 1/4 节点模型试验、拉缆锚固疲劳试验、防腐和掺用 FON 复方减水剂制备 70 兆帕以上高强混凝土试验等。竣工后，曾在通车前的 1981 年 6 月利用重型机车（轴重 20 吨，总重 508.8 吨）进行静动载检定试验，1994 年 11 月进行第二次静动载检定试验，1997 年 6 月更换了北边跨上游内索的下部两根钢束，2009 年 12 月进行第三次静动载检定试验，后续开展了桥上无缝线路改造。桥梁现处于正常运营状态。

济南黄河斜拉桥

济南黄河斜拉桥是中国大跨度（220 米）预应力混凝土公路斜拉桥。位于山东省济南市北郊，设计者为李守善和万珊珊。1978 年 12 月开工，1981 年 7 月通车。正桥为 5 孔预应力混凝土连续梁斜拉桥，跨径为 488 米。南引桥 24 孔，北引桥 27 孔，由跨度 30 米的预应力组合箱梁组成。全桥长 2022.8 米，桥面车行道宽为 15 米，两侧人行道各 2 米。主桥主梁用带风嘴的半封闭双室箱形断面，纵向及竖向均设有预应力钢筋。索塔在正立面上呈倒 Y 字形，全高 68 米。采用塔墩固结、塔梁分离的悬浮体系。缆索采用扇形密索双平行索面，在每塔一侧各设置 11 对斜缆索，梁上索距 8 米，每对用 2 ～ 4 索，每索以 79 或 121 根直径 5 毫米高强度镀锌钢丝平行编成，冷铸锚头，有减风振措施，能换索。主梁采用挂篮悬臂浇筑法施工，每浇筑 4 米移动一次挂篮，索塔用万能杆件拼装成脚手架施工。

九江长江大桥

九江长江大桥是中国 20 世纪 90 年代最长的双层公路铁路两用桥。

位于京九铁路线鄂赣两省交界处，1992 年建成。上层公路桥 4 车道宽 14 米，两侧人行道各宽 2 米，全长 4460 米；下层为双线铁路桥，全长 7675.4 米。正桥为 4 联 11 孔连续钢桁梁，其中主孔为桁梁－拱组合结构。全部钢梁为栓焊结构。由于桥址处河床地质条件极为复杂，在设计、施工上采用了大量的先进技术，尤其是在"大跨、高强、轻质"上取得了突

九江长江大桥

破性进展，代表着当时中国建桥技术水平和科技发展水平。正桥采用了圆形钢筋混凝土沉井基础、浮运钢沉井基础、浮运钢沉井钻孔基础、双壁钢围堰钻孔基础、钢板桩围堰管柱钻孔基础 5 种型式的基础。

虎门大桥

虎门大桥是跨越珠江出海航道，连接广深和广珠高速公路的公路桥。位于中国广东省东莞市虎门镇与广州市番禺区南沙镇之间。全桥长 4606 米，由主航道桥、辅助航道桥和东、中、西引桥组成。主航道桥

虎门大桥

为跨径 888 米的单跨双铰简支悬索桥，矢跨比 1/10.5，桥宽 35.6 米，桥面设双向 6 车道，桥下通航净空 60 米。大桥设有两根主缆，其中心间距为 33 米，主缆直径 68.7 厘米，每缆 110 束索股，每根索股由 127 根直径 5.2 毫米镀锌高强钢丝制作而成。桥址为强台风区，为增加抗风稳定性，加劲梁采用扁平流线型钢箱梁，自跨中对称向主塔依次吊装。

虎门大桥首次在中国桥梁基础上采用地下连续墙防水技术；首次在钢箱梁和锚室内采用了自动抽湿系统；在中国率先采用扁平钢箱梁节段间全焊接的结构形式，解决了在箱梁吊装情况下的焊缝间隙调整工艺和焊接技术。辅航道桥为预应力混凝土连续刚构桥，跨径 270 米，

为建成时世界同类桥梁中的最大跨径，桥面总宽 30 米，采用上下行两座桥。

虎门大桥于 1992 年 5 月 27 日奠基，同年 10 月 28 日开工，1997年 6 月 9 日正式建成通车，1999 年 4 月 20 日通过竣工验收。设计单位是中交公路规划设计院有限公司，施工单位是广东长大公路工程有限公司。

2002 年虎门大桥获中国土木工程界工程项目的最高荣誉奖——詹天佑土木工程大奖。

厦门海沧大桥

厦门海沧大桥是连接厦门岛与海沧的公路桥。

位于中国福建省厦门市，大桥全长 5926.527 米，悬索主桥长 1108 米，主跨 648 米，桥面宽度 36.6 米，设计通行能力为 5 万辆 / 日，行车限速为 80 千米 / 时。总投资 28.7 亿元人民币。大桥设有 2 根主缆，中心间距为 34 米，主跨矢跨比 1/10.5，主缆直径 57.0 厘米，每缆 110 束索股，每根索股由 91 根直径 5.1 毫米镀锌高强钢丝制作而成。大桥为双向 6 车道加紧急停车带的高等级公路特大桥梁，兼具城市桥梁功能。

厦门海沧大桥

桥梁的悬索结构在中国首次采用在桥塔处不设竖向支座的全漂浮连续结构；首次采用锚碇基础底面设置倒坡的设计，锚碇首次采用箱形扩大基础结构；首次成功采用了辊轴式散索鞍设计。厦门海沧大桥的建设，使中国在理论和实践上成功解决了三跨连续悬索桥缆索系统总体分析这一技术难题，从设计及工艺上掌握了控制主缆线形的各种关键因素。

主体建设工程于 1997 年 6 月正式开工，1999 年 12 月 30 日顺利建成通车。大桥的设计单位是中交公路规划设计院有限公司，施工单位是中交第二公路工程局有限公司。

厦门海沧大桥不仅是厦门与外界联系的又一重要通道，更是现代化厦门的重要标志，同时也是厦门新兴的旅游景点，其优美流畅的桥梁造型、轻巧独特的锚、塔结构，与周围环境协调一致的桥梁色彩，轻柔的夜景效果等，都与厦门这座现代化国际性港口风景旅游城市相适应。

上海杨浦大桥

上海杨浦大桥是 1993 年建成于中国上海市区黄浦江上的双塔双索面钢－混凝土叠合梁斜拉桥。是上海市区内环线高架道路跨江连接浦西市区与浦东新区的重要工程，也是上海市内环线的重要组成部分。

位于上海市杨浦区，桥址距苏州河口 5.3 千米，与南浦大桥相距 11 千米。桥梁全长 8354 米，包括主桥、引桥、匝道、引道。其中，主桥长 1178 米，主孔跨径 602 米，一跨过江，通航净高为 48 米。呈倒 Y 形的主塔采用钻石形钢筋混凝土结构，塔高 208 米，斜拉索按空间斜索面作扇形布置，每塔两侧各有 32 对拉索，全桥共 256 根，最大索长

330 米，重 33 吨，拉索最大断面由 313 根直径 7 毫米高强钢丝组成。桥面宽 30.35 米，按双向 6 车道设计，并设观光人行道。

上海卢浦大桥

上海卢浦大桥是位于中国上海市黄浦江上的大跨度钢箱拱肋拱式桥。

主跨 550 米、两个边跨各 100 米，由林元培设计，2003 年建成，建成时曾创造拱桥跨度的世界纪录。位于上海市黄浦江上，桥位距下游南浦大桥 3000 米，距上游徐浦大桥约 7000 米。主跨 550 米，为拱－梁组合体系中承式系杆拱桥，通航净高 46 米，可通过 5 万吨级的轮船。桥面宽 40 米，设双向 6 车道，两侧各设 2.0 米宽观光人行道。桥梁建造中集斜拉桥、拱桥、悬索桥 3 种不同类型桥梁施工工艺于一身，因此卢浦大桥是世界上单座桥梁建造中采用施工工艺最多也最为复杂、投钢量最多的大桥。截至 2017 年，为世界上首座除合龙接口一端采用栓接外，完全采用焊接工艺连接的大型拱桥。

上海卢浦大桥

卢浦大桥于 2004 年获中国建筑工程鲁班奖，同年还获尤金·菲戈奖，2008 年获国际桥梁与结构工程协会"杰出结构奖"。

江阴长江大桥

江阴长江大桥是中国首座跨径超过千米的特大型钢箱梁悬索桥。

位于江苏省江阴市与靖江市之间。1999年建成，其主跨在当时已建成的悬索桥中居中国第一、世界第四位，是中国东部沿海南北主干线高速公路和京沪高速公路跨越长江的重要工程。全桥造型美观，线型顺适。桥梁总长3071米，主桥为跨度1385米的单跨简支钢箱梁悬索桥，桥下通航净高50米。加劲梁总宽36.9米，其中桥面宽29.5米，布置为高速公路标准的双向6车道，设中央分隔带和紧急停车带，两侧风嘴各宽1.5米，风嘴外侧设人行道、栏杆和检修车轨道，每侧宽2.2米。大桥设有两根主缆，中心间距为32.5米，主跨矢跨比1/10.5，主跨主缆由169根索股构成，边跨比主跨增加8根索股，每根索股由127根直径为5.35毫米的高强镀锌钢丝所组成，主跨主缆直径达87.6厘米，边跨主缆直径达89.7厘米。江阴长江大桥在工程技术上突破了大温差的钢箱梁路面铺设、北锚碇基础沉井施工等世界级难题。

江阴长江大桥

该桥的设计单位是中交公路规划设计院有限公司、江苏省交通规划设计院和同济大学建筑设计院联合体，主桥的施工单位是中交第二航务工程有限公司等单位。

2002 年江阴长江大桥获国际桥梁大会颁发的首届尤金・菲戈奖。这是中国首次获得国际桥梁大奖。

润杨长江大桥

润扬长江大桥是位于中国江苏省镇江市与扬州市之间、跨江连岛的公路桥。是中国跨长江公路交通体系的重要组成部分。

主桥长 7371 米，按双向 6 车道设计，分为南北两桥。南汊主桥跨越长江主航道，为主跨 1490 米的单跨简支双铰钢箱梁悬索桥，跨径在当时已建成的悬索桥中居中国第一、世界第三位。

润杨长江大桥

大桥设有两根主缆，中心间距为 34.3 米，主跨矢跨比 1/10。主缆直径为 90.6 厘米，每缆 184 束索股，每根索股由 127 根直径 5.3 毫米镀锌高强钢丝制作而成。加劲梁采用全焊扁平流线型封闭钢箱梁断面，总宽 38.7 米。在中国，润扬长江大桥首次采用了缆、梁固结的刚性中央扣代替跨中短吊索，首次采用泵送干空气主缆防护系统。

北汊主桥为主跨 406 米、双塔三跨连续钢箱梁斜拉桥，斜拉索为空间扇形双索面体系，主塔采用花瓶型混凝土塔柱，总高约 145 米。引桥和高架桥为预应力混凝土连续箱梁式桥。

润扬长江大桥的建成，对完善国家和省公路网络结构，改善镇江和扬州两市的交通运输条件，加强两市经济文化联系，促进沿江地区经济发展，加快实施以上海浦东为龙头的长江三角洲经济带的开发战略具有重大意义。

润扬长江大桥于 2005 年建成通车，其设计单位是江苏省交通规划设计院与中交公路规划设计院有限公司联合体；施工单位是中交第二公路工程局有限公司和中交第二航务工程局有限公司。

杭州湾跨海大桥

杭州湾跨海大桥是横跨中国杭州湾海域的跨海大桥。

起自嘉兴市郑家埭，止于慈溪市水路湾，全长 36 千米，其中大桥长 35.673 千米。大桥工程包括北引线、北引桥、北航道桥、中引桥、南航道桥、海中平台、南引桥和南引线及交通工程等沿线设施。

杭州湾跨海大桥北航道桥采用主跨 448 米的钻石型双塔双索面钢箱梁斜拉桥方案；南航道桥采用主跨 318 米的 A 型独塔双索面钢箱梁斜拉桥方案；水中区引桥采用 50 米和 70 米跨径整孔预制等截面预应力混凝土连续箱梁；下部结构采用钢管打入桩或钻孔灌注桩的"群桩＋承台"的基础形式。

杭州湾跨海大桥

杭州湾跨海大桥于 2003 年 11 月开工，2008 年 5 月竣工通车。

大桥设计单位为中交公路规划设计院有限公司，大桥由中铁大桥局集团有限公司等承建。大桥建成后由杭州湾跨海大桥管理局负责管理、养护工作，日通行车辆 10 多万辆。

武汉天兴洲长江大桥

武汉天兴洲长江大桥是世界上第一座按 4 线铁路修建的、承载最大的（可承载 2 万吨）客货公铁两用大跨度斜拉桥，也是中国第一座能够满足高速铁路运营的大跨度斜拉桥。

位于武汉长江大桥下游 16.3 千米处的天兴洲江段，是武汉铁路枢纽内的第二条过江通道，同时也是武汉市三环线的过江通道。

大桥由中铁大桥勘测设计院集团有限公司设计、中铁大桥局集团有限公司施工。2004 年 9 月开工建设，2009 年 12 月建成通车。通车至今运营情况良好。

武汉天兴洲长江大桥

工程西北起汉口平安铺，东南止武昌武青主干道，桥长 4657 米，公路引线全长 8043 米，铁路引线全长 60.3 千米。桥面按上、下两层布置，上层为 6 车道公路，宽 27 米。下层为 4 线铁路，其中两线为设计时速 250 千米 / 时的客运专线，两线为一级干线。跨长江南汉主航道桥为（98+196+504+196+98）米双塔三索面斜拉桥，主跨 504 米；主梁为板桁结合的三主桁钢桁梁，

N 形桁架，桁宽 2×15 米；三索面斜拉索锚固于主桁上弦节点。钢桁梁架设采用 14 米长整节段悬臂拼装方式，节段重约 700 吨。

2010 年，该桥获第 27 届国际桥梁大会"乔治·理查德森金奖"，2013 年获国家科技进步奖一等奖。

南京大胜关长江大桥

南京大胜关长江大桥是中国第一座跨越长江的高速铁路桥梁。

位于南京大胜关河段，连接北京至上海高速铁路、上海经武汉至成都客运专线铁路、南京市地方越江铁路共 6 线轨道交通。1992 ～ 2006 年进行前期规划与设计工作，2006 年 6 月正式开工，2011 年 6 月建成通车。

大桥全长 14785 米，其中主桥采用 108 米 +192 米 +336 米 +336 米 +192 米 +108 米六跨连续双连拱 3 主桁整体桥面钢桁连续梁桥，3 片主桁间距 15 米，6 线轨道交通同层布置，其中京沪高速和沪汉蓉客专的 4 线铁路位于主桁内，南京地铁的两线铁路分置在主桁外侧悬臂上。钢桁拱矢跨比为 1/4，拱顶桁高 12 米，拱趾到拱顶总高约 96 米；两端平弦钢桁梁桁高 16 米，节间长度 12 米，N 形桁架布置。主墩基础采用 2.8 ～ 3.2 米大直径变截面钻孔桩，最大水深 65 米，最大桩长 112 米。6 线轨道交通合建长度 3674 米，北引桥长度 5556 米，南引桥长度 5555 米，两岸引桥主要采用 32.7 米预应力混凝土简支箱梁。全桥混凝土用量 122 万方，主桥上部结构用钢量 7.8 万吨。

大桥具有高速、深水、大跨、重载的工程特点，研发并成功应用了双连钢桁拱、高性能 Q420q 结构钢 3 主桁承重结构、正交异性整体钢桥面、8 边形截面箱形吊杆、吊索塔架辅助多跨连续钢桁拱多点合龙技术等，形成中国高速铁路大跨度钢桥建造成套技术。2012 年获国际桥梁大会乔治·理查德森金奖，2015 年获国家科技进步奖特等奖。

泰州长江大桥

泰州长江大桥截至 2017 年为世界上跨度最大的三塔悬索桥，在世界上首次实现三塔悬索桥跨径由百米向千米的突破。

位于江苏省境内、江阴长江大桥和润扬长江大桥之间，北接泰州市，南连镇江市和常州市。

大桥由中铁大桥勘测设计院集团有限公司和江苏省交通规划设计院设计、中交第二航务工程局有限公司和中交第二公路工程局有限公司施工。2007 年 12 月开工建设，2012 年 11 月建成通车。通车至今运营情况良好。

桥梁全长 6821.422 米，按双向 6 车道高速公路设计，设计时速为 100 千米／时。主桥为主跨 2×1080 米三塔两跨悬索桥，边跨主缆后背索跨度 390 米。

悬索桥中塔为纵向人字形钢塔，高 192 米，矩形沉井基

泰州长江大桥

础，边塔为高 178.0 米的混凝土塔，钻孔桩基础。钢箱加劲梁梁高 3.5 米、总宽 39.1 米，其中桥面宽度 33 米。主缆矢跨比为 1/9，每根主缆由 169 股索股组成，每根索股由 91 丝直径为 5.2 毫米的镀锌高强钢丝组成。锚碇采用沉井基础。

该桥是基于中国独立自主发展的桥梁建设技术，以最大限度保障通航、保障长江岸线利用、建设节约型工程为出发点建设的三塔悬索桥。2013 年，该桥成为中国首次获英国"卓越结构工程大奖"的工程。2014 年，被国际桥梁及结构工程协会评为"杰出结构工程奖"。

上海南浦大桥

上海南浦大桥是中国上海市区第一座跨越黄浦江的斜拉桥。

在桥梁专家李国豪、项海帆提议下中国进行自主设计、自行建造的桥梁。1991 年 12 月 1 日正式建成通车，总投资 8.2 亿元人民币。主桥为双塔双索面组合梁结构，连接浦西市区与浦东新区，浦西引桥长

3754 米，以复曲线呈螺旋形、上下二环分岔衔接中山南路和陆家浜路，浦东引桥长 3746 米，采用复曲线呈长圆形，与浦东南路相连并直通杨高

上海南浦大桥

路，是上海道路内环线的过江枢纽。

大桥全长 8346 米，通航净高 46 米。主桥全长 846 米，为漂浮体系，主孔跨径 423 米，一跨过江。桥塔为折线 H 型钢筋混凝土结构，塔高 154 米。每座桥塔两侧各有 22 对钢拉索连接主梁，索面成扇形布置，梁上索距 9 ～ 4.5 米，塔上索距 2 米。每一塔座下设置了 98 根直径达 914 毫米的钢管桩，深约 51 米，上设厚 4.5 米的承台。主桥设 6 条机动车道，两侧各有两米宽人行道供观光游览，桥面总宽度为 30.35 米。南浦大桥采用的钢梁上叠合预制钢筋混凝土板的组合梁结构，这在中国当时还是第一次采用。

东海大桥

东海大桥是中国第一座跨越外海的桥梁。

起于上海浦东南汇的芦潮港，跨越杭州湾北部海域，直达浙江省嵊泗县崎岖列岛的小洋山。大桥全长 32.5 千米，可分为 3 部分：约 3.7 千米的陆上段，新海堤至大乌龟岛之间约 25.3 千米的海上段，大乌龟岛至小洋山岛之间约 3.5 千米港桥连接段（包括海堤工程、开山路工程、颗珠山工程）。

大桥标准桥宽 31.5 米，分上下行双幅桥面，采用双向 6 车道高速公路标准，设计行车速度 80 千米 / 时。设计荷载等级为汽车－超 20 级，并按全桥集装箱重车满布、车辆轴距为 10 米复核。

海上主航道满足 5000 吨级海轮通航标准，通航净高 40 米。主通航孔桥跨径布置为 73 米 +132 米 +420 米 +132 米 +73 米，总计 830 米，采用双塔单索面组合钢箱梁斜拉桥，加劲梁采用节段拼装的施工方法。辅通航孔通航净宽 143.2 米、净高 17.5 米。辅通航孔桥跨径布置为 90 米 +160 米 +160 米 +90 米，总计 500 米，采用变高度四跨预应力连续箱梁桥，分上、下行分离布置，单幅桥宽 15.25 米。海上段非通航孔桥梁根据不同的水深条件采用 3 种施工工艺方法：①芦潮港侧 50 米跨连续梁采用移

东海大桥

动模架逐跨现浇施工。②大乌龟岛侧 8 跨 50 米连续梁采用逐段现浇顶推施工。③中间段 60 米和 70 米跨径采用整孔预制吊装就位、墩顶现浇简支变连续梁的施工方法。颗珠山大桥连接大乌龟岛和小洋山岛，其间岩面变化大，高程为 -9.0 ~ -43.0 米。为减少桥梁基础施工难度，保障大型船舶安全，颗珠山斜拉桥跨径布置为 49.13 米 +139 米 +332 米 +139 米 +49.13 米，总计 708.26 米，其中两边跨为预应力混凝土简支箱梁，主桥为双塔双索面组合钢板梁斜拉桥。西侧边墩基础采用直径 150 厘米嵌岩灌注桩，其余则采用直径 250 厘米嵌岩灌注桩。

东海大桥工程于 2002 年 6 月正式开工建设，于 2005 年 12 月建成。是洋山港区配套工程，满足集装箱陆路集疏运、港区供水、供电、通信等诸多需求。

苏通长江大桥

苏通长江大桥是世界上首座跨径突破千米的斜拉桥。

位于江苏省东南部长江南通河段，连接南通和苏州两市，全长 34.2 千米，跨江大桥全长 8146 米。工程于 2003 年 6 月 27 日开工，于 2008 年 6 月 30 日建成通车。苏通长江公路大桥主桥为主跨 1088 米的双塔钢箱梁斜拉桥。

大桥行车道为双向 6 车道，桥梁标准宽度 34 米，主桥跨径 100 米 +100 米 +300 米 +1088 米 +300 米 +100 米 +100 米，总计 2088 米；设计荷载采用汽车 - 超 20 级，挂车 120 级；设计行车速度 100 米 / 时；主桥通航净空为高 62 米、宽 891 米，满足 5 万吨级集装箱货轮和 4.8 万吨级船队通航要求；桥位处 10 米高度可承受百年一遇 10 分钟平均年最大风速 38.9 米 / 秒；桥位区可承受地震基本烈度 VI 度，主桥采用两水准设计：概率水准 1（P1）为 100 年 10%，概率水准 2（P2）为 100 年 4%。

主桥采用动力阻尼 + 静力限位结构体系，主梁采用扁平钢箱梁，梁高 4 米，梁宽含风嘴 41.0 米；索塔总高 300.4 米，为倒"Y"形钢筋混凝土塔；斜拉索采用 1770 兆帕平行钢丝索，最长索约 577 米，用钢锚箱结构锚固于桥塔；索塔基础采用 131 根直径 280/250 厘米深基础变截面钻孔灌注桩群桩 + 大直径承台基础，桩长 114 ～ 116 米。

苏通长江公路大桥取得了多项突破性创新技术：①静力限位与动力阻尼组合的新型桥梁结构体系及关键装置与设计方法。②内置式钢锚箱组合索塔锚固结构和大型群桩基础结构及设计方法。③大型深水群桩基础施工控制技术，斜拉桥多构件三维无应力几何形态和设计制造安装全过程控制方法。

大桥建成时创造了当时斜拉桥最大跨径、最高索塔、最长斜拉索和最大群桩基础等 4 项世界第一。

苏通长江大桥荣获了中国"国家科技进步奖一等奖""乔治·理查德森金奖""ASCE 土木工程杰出成就奖""菲迪克（FIDIC）百年重大土木工程项目杰出奖"、中国国庆 60 周年"十佳感动中国工程设计"大奖等一系列重要奖项。

苏通长江公路大桥由中交公路规划设计院有限公司等单位设计，由中交第二航务工程局有限公司、中交第二公路工程局有限公司等单位施工；大桥建成后由江苏苏通大桥有限责任公司负责管养，日通行车量数万辆。

香港昂船洲大桥

香港昂船洲大桥是中国香港首座位于市区的大跨径缆索承重桥梁。建成时为世界第二大跨的斜拉桥。

大桥位于中国香港新界青衣与九龙的昂船洲之间，跨越蓝巴勒海峡。桥梁主跨为 1018 米的双塔斜拉桥。主梁为混合梁，其中主跨延伸至边跨 49.75 米长的部分为流线型分体式钢箱梁，其余部分为预应力混凝土梁。桥塔为圆锥形独柱式结构，高度为 298 米，为世界上首次采用不锈钢－混凝土组合桥塔。斜拉索共 224 根，总重量 1.4 万吨，最长拉索达

540 米。大桥连引道全
长 1596 米，桥面为双
向 6 车道分隔式快速公
路，设计车速 80 千米 /
时。大桥的通航净宽为
900 米，净高 73.5 米。

　　大桥设计以 2000
年香港路政署组织的

香港昂船洲大桥

一项国际设计比赛的获奖方案为蓝本,该方案提出者是由英国合乐集团、
弗林特 & 尼尔合作公司、上海市政设计院以及桥梁建筑师蒂森和卫特
林组成的团队。在此基础上, 奥雅纳集团参考该方案进行了大桥的施工
图设计。

　　大桥于 2003 年 1 月动工, 2008 年 6 月完工, 施工单位为前田 - 日立 -
横河 - 新昌联营公司。

舟山西堠门大桥

　　舟山西堠门大桥连接舟山金塘岛和册子岛，是宁波至舟山的甬舟高
速（G9211）的第二座跨海大桥。

　　西堠门大桥于 2005 年 5 月 20 日正式开工建设，2009 年 12 月 25
日建成通车。由中交公路规划设计院有限公司主持设计，四川公路桥梁
建设集团有限公司、中交第二公路工程局有限公司、中铁宝桥集团有限
公司负责施工，武汉桥梁建筑工程监理有限公司负责监理。

西堠门大桥为4车道高速公路，设计速度为80千米/时，桥面净宽24.5米，设计通航等级3万吨，通航净高49.5米，大桥桥型方案为主跨1650米的两跨连续钢箱梁悬索桥，主缆分跨为578米+1650米+485米，主缆矢跨比为1/10。

舟山西堠门大桥

西堠门大桥的特点：①甬舟高速公路建设中技术难度最大的特大跨海桥；建成时，其跨径居世界悬索桥第二、中国第一，是世界上跨径最大钢箱梁悬索桥，也是世界上第一座分体式钢箱梁悬索桥。②成桥颤振检验风速达78.74米/秒，符合世界上抗风稳定性最高要求。③在中国首次实现直升机牵引主缆先导索过海。首次采用的分体式钢箱梁抗风技术显著提高了大桥的颤振临界风速，首次研发的垂直和水平姿态可变换的活动风障保证了正常使用条件下的行车安全和极端气候条件下的结构安全。

西堠门大桥获得了中国建设工程鲁班奖（国家优质工程）、中国土木工程詹天佑奖、中国公路学会科学技术一等奖、浙江省科学技术一等奖、上海市科技进步一等奖和国家技术发明二等奖、2012年国际桥协（IABSE）杰出结构奖（提名奖）、2015年菲迪克国际咨询工程师联合会（FIDIC）工程项目奖等。

重庆石板坡长江大桥复线桥

重庆石板坡长江大桥复线桥是 1981 年建成通车的石板坡长江大桥的加宽工程。

位于重庆市中心，跨越长江，连接南岸和渝中半岛。原石板坡长江大桥宽 21 米，包括 4 车道和两侧人行道；新桥的桥位选在旧桥的上游，桥宽 19 米，4 车道。两桥并列，中线距离仅为 25 米。旧桥跨度布置为 86.5 米 +4×138.0 米 +156.0 米 +174.0 米 +104.5 米。受通航要求和景观协调两个因素的制约，复线桥采用与旧桥完全相同的桥梁外观，在主通航孔一侧减少一个桥墩，跨度布置成为 86.5 米 +4×138.0 米 +330 米 +104.5 米。

整座桥用混凝土梁跨越 330 米，在设计、制造和施工等方面都极具挑战和技术创新。在设计方面需要克服随着跨度增大、结构自重本身对混凝土梁的承载能力的过多消耗。减轻结构自重的方案是从跨的中部开始，向左右共 108 米的长度采用钢箱梁取代混凝土梁，在混凝土梁和钢箱梁之间采用钢－混接头过渡。108 米钢箱梁分为 3 个节段，中间的 105 米为全钢箱梁整体，

重庆石板坡长江大桥复线桥

两端各 2.5 米作为钢箱梁和混凝土箱梁的接头。3 个节段均在武昌加工制造。两个 2.5 米的钢混接头先行吊装就位，105 米的钢箱梁节段两端封闭，使之在江面上漂浮，用驳船拖行从武昌沿长江逆流而上，过三峡大坝船闸，到达重庆桥位，航程约 1000 千米。中间节段整体吊装就位，全桥合龙。

石板坡长江大桥复线桥于 2006 年 9 月 25 日通车。于 2010 年获得第九届"中国土木工程詹天佑奖"。

重庆朝天门大桥

重庆朝天门大桥建成通车时是世界上跨度最大的拱桥。

2009 年建成，位于重庆长江与嘉陵江交汇处、距离朝天门码头 1.7 千米的溉澜溪青草坪，连接解放碑、江北城、弹子石三大中央商务区。大桥全长 1741 米，主桥为 190 米 +552 米 +190 米三跨连续中承式钢桁系杆拱桥，全宽 36.5 米，桁宽 29 米。上层桥面为双向 6 车道，两侧各 2.75 米隔离带和 2.5 米人行道，下层为双线城市轨道和双向两车道，采用上层"汽车道 + 人行道"、下层"汽车道 + 轨道线"的"双层通行"模式。

主桁构造除个别为整体节点外，其余均为拼装式节点，采用钢结构系杆和预应力系杆相结合的构造方式，钢结构系杆构造同时作为钢桁梁的一部分，其平面与主桁拱平面重合。主桁施工采用架梁吊机和斜拉扣挂拼装技术，先拱后梁。主桥永久用钢量 4.6 万吨，辅助用钢近 4 万吨，支座最大承载力达 1.45 万吨。

万州长江大桥

万州长江大桥是中国长江上第一座单孔跨江公路大桥。建成时跨度居同类型桥梁世界第一位。

位于重庆市万州区，是国家"两纵两横"主干线之一的上海—成都线上的咽喉要道，是三峡工程开发性移民和联系四川、湖北、湖南、广西、陕西5省的重要交通枢纽。于1994年正式开工建设，1997年建成通车。该桥设计单位为四川省交通运输厅公路规划勘察设计研究院，施工单位是四川公路桥梁建设集团有限公司。

该桥全长856.12米，宽24米，桥拱净跨420米，净矢高84米，净矢跨比1/5。主拱系钢管劲性骨架混凝土箱型结构，拱圈为单箱三室截面，箱高7米，宽16米，采用C60级高强混凝土。拱上立柱采用变截面箱型薄壁钢筋混凝土双柱，共13对，最高者达60米，两柱之间不设任何横梁。两岸主桥台采用平撑、立柱和拱座组合式桥台。平撑由一对断面5米×5米、半圆顶长32～45米实心的钢筋混凝土撑梁组成。立柱以一对断面5米×5米，21米长的混凝土柱竖向穿透软弱的页岩夹层，支撑在厚层砂岩层内。两岸引桥及拱上结构采用了L=30.668米统一跨度的后张预应力混凝土简支T梁，全桥共27孔。

合江长江一桥

合江长江一桥是位于成渝经济环线四川泸州至重庆段跨越长江的特

大桥梁。

主桥采用中承式钢管混凝土拱桥，建成时为世界同类桥梁最大跨度的拱桥。拱桥净跨径 500 米，净矢高 111.11 米，净矢跨比 1/4.5。该桥跨径组合为 10×20 米 +530 米 +4×20 米，全桥长 841 米，于 2009 年正式开工，2012 年建成通车。该桥设计单位为四川省交通运输厅公路规划勘察设计研究院，施工单位为广西路桥工程集团有限公司。

主拱采用钢管混凝土桁式结构。桁宽 4 米，拱顶桁高 8 米，拱脚桁高 16 米，每肋为上、下各两根 $\Phi1320×22$（26、30、34）毫米钢管、内灌 C60 混凝土的钢管混凝土弦杆，弦杆通过横联 $\Phi762×16$ 毫米钢管和竖向两根 $\Phi660×12$ 毫米钢管连接而构成钢管混凝土桁架。两拱肋采用组合钢管横撑或空间桁架横撑连接，中距 28.6 米。主拱采用缆索吊装、斜拉扣挂法安装，最大节段吊重 198 吨。桥面系采用两道主纵梁、3 道次纵梁、主横梁、4 道次横梁组成格子梁，格子梁上满铺 8 毫米厚钢板，通过焊接在钢板上的 PBL 剪力

合江长江一桥

键与桥面混凝土锚固连接，形成总厚度为 15 厘米的钢-混组合桥面板，其上再铺装 5 厘米厚的沥青混凝土。吊杆间距 14.3 米，最长达 97 米，采用成品预应力钢绞线挤压专用吊杆索，定型耐久性锚具；短吊杆处、吊杆横梁与拱圈间设置纵向限位装置，桥面纵梁与吊杆横梁间设置滑板

支座，使短吊杆纵向不位移，避免短吊杆的弯折疲劳破坏，确保安全。主拱钢管内混凝土灌注采用真空泵送技术，确保混凝土与钢管的密贴。大桥的建成，结束了合江人民靠渡船过河的历史，标志着中国钢管混凝土拱桥建设技术达到了更高技术水平。

港珠澳大桥

港珠澳大桥是中国"一国两制"下，粤港澳三地首次合作建设的大型跨海交通工程。

港珠澳大桥跨越伶仃洋，东接香港特别行政区，西接广东省珠海市和澳门特别行政区。工程线路起自香港国际机场附近的香港口岸人工岛，向珠海/澳门口岸人工岛、珠海连接线，止于珠海洪湾，路线总长为55千米。其中，从珠澳口岸到香港口岸全长约41.6千米（包括香港连接线约12千米）、珠海连接线约13.4千米。

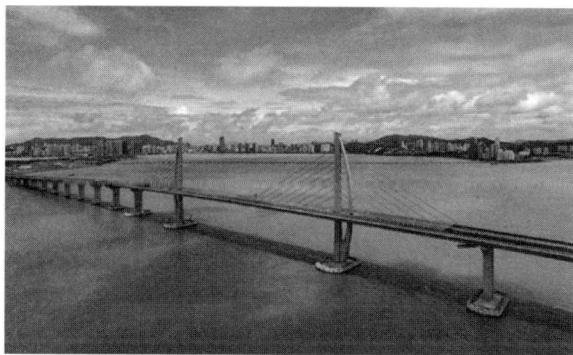

港珠澳大桥

工程全部投资约1050亿元人民币。其中，主体工程由粤港澳三方共建，采用政府"全额出资本金方式"，项目资本金以外部分，由项目法人通过贷款解决。三方口岸连接线工程由三方各自负责建设。

2009年12月15日，港珠澳大桥正式开工建设；2012年7月，桥梁工程队伍进场；2016 年 6 月 29 日，主体桥梁成功合龙；港珠澳大桥于 2017 年 11 月主体工程荷载试验完成；2018 年 1 月 1 日，大桥主体全线亮灯，标志着大桥已经具备了通车条件。

主体工程采用桥、隧、岛组合方案，以约 6.7 千米隧道方案穿越伶仃西航道和铜鼓航道段，其余路段约 22.9 千米采用桥梁方案。主体工程隧道东、西两端各设置一个海中人工岛。主体工程采用双向 6 车道高速公路标准建设，设计速度为 100 千米 / 时。桥梁总宽 33.1 米，隧道宽度为 2×14.25 米、净高 5.1 米。全线桥隧设计汽车荷载等级采用公路 -I 级，同时满足香港 《道路及铁路结构设计手册》中规定的活载要求，大桥的设计使用寿命为 120 年。

设计团队由中交公路规划设计院有限公司、丹麦科威国际咨询公司、上海市隧道工程轨道交通设计研究院及中交第四航务工程勘察设计院有限公司组成，施工团队由中国交通建设股份有限公司、艾奕康有限公司和上海城建（集团）公司组成。

布鲁克林桥

布鲁克林桥是美国纽约东河上连接曼哈顿和布鲁克林的第一座大桥。

自 1883 年 5 月通车，已历经一个多世纪。据纽约交通厅 2014 年的统计数据，这座 6 车道的大桥，每天过桥的车辆超过 12 万辆、行人 4000、自行车 3100 辆。

大桥总长度为 1833 米，其中，主桥 1053 米，主跨 486 米，纽约一端和布鲁克林一端的引桥分别为 476 米和 304 米。1870 年 1 月 3 日破土动工。

大桥有 4 根主缆。每根主缆包含 19 根索股，每一根索股由 278 根直径 3.175 毫米的镀锌细钢丝空中编制而成。主缆的极限强度为 1.22 万吨，设计荷载为 300 吨。此外，还有 108 根斜拉索辅助每一根主缆承重。主梁采用 6 片桁梁。

桥塔高出水面 83 米，建成后很长时间一直是纽约的最高建筑。这座大桥创造了多个世界第一：第一次用钢丝作为悬索桥的主缆材料；第一次采用镀锌防腐技术；第一次成功采用空中编缆（AS）法架设主缆的技术；第一次用气压沉井技术进行桥梁深水（超过 10 米）基础施工。

桥宽近 26 米。最初的桥面布置，外侧可供两辆畜力车并行通过，内侧通行双线有轨电车，中轴线附件的 4.7 米范围作为人行道。1950 年，大桥重新维修时，有轨电车道取消，桥面重新布置成为 6 车道。

大桥完成时的总造价为 1540 万美元。大桥的总工程师是罗布林父子。父亲 J.A. 罗布林完成了设计，1869 年，J.A. 罗布林在踏勘布鲁克林大桥桥墩位置时，由于船撞事故，脚部受伤感染不治，匆匆辞世。儿子 W.A. 罗布林接替父亲，担任总工程师指挥大桥施工。由于多次进入气压沉井指导施工，小罗布林患"潜水病"致瘫。此后的 10 年，小罗布林在轮椅上继续指挥大桥施工，他的妻子 E.W. 罗布林成为他的助理，往返大桥工地，代替小罗布林行使大桥施工的监督和指导。

大桥于 1883 年 5 月 24 日落成通车，被誉为工业革命时代全世界七个划时代的建筑工程奇迹之一。

福斯湾大桥

福斯湾大桥是指位于英国苏格兰重镇爱丁堡以西 14 千米处，跨越福斯湾的 3 座大桥。

这 3 座桥分别建造于 19 世纪、20 世纪和 21 世纪。按照桥梁建设的顺序，或者按照桥梁的位置，由西向东，这 3 座桥分别是福斯铁路桥、福斯公路桥、昆斯费里大桥。

◆ 福斯铁路桥

英国第一座全钢结构的大桥。于 1882 年开工建设，1890 年竣工通车，双线铁路。上部结构是 3 个对称的钢桁架悬臂梁和两个钢桁架挂梁，共有 6 个外伸长度达到 207.26 米的悬臂和两个 106.7 米长的挂孔。主桥全长 1624.58 米，包括两个主跨各 521.21 米和两个边跨各 207.26 米。另有 3 个钢塔架，中心塔架在桥轴线方向占 79.25 米，两侧的塔架各占 44.20 米。两个主跨在最高水位时的通航净空为宽 45.72 米、高 152.4 米。考虑横向稳定性，悬臂的桁架做成向内倾斜，塔底宽 36.6 米，塔顶收至约 10 米。这 3 个悬臂

福斯湾铁路桥

桁架从立面上看酷似 3 个纺锤，平面图则恰如 3 把梭子。

钢塔架高度为 110.03 米，每个钢塔的 4 个塔肢分别用 4 个独立的

墩柱支撑，墩柱基础采用直径为 21 米的沉井，分别采用围堰和气压沉
井施工。

设计采用的受拉构件的极限强度为 455 ～ 500 兆帕，受压构件的
极限强度为 516 ～ 562 兆帕。对于承受加载－卸载作用的构件，采用
303 ～ 342 兆帕作为极限强度，对承受拉压交变荷载作用的构件，则用
其极限强度的 1/3，即 151 兆帕（受拉为主）或 228 兆帕（受压为主）。
主桥的结构用钢量约为 51300 吨。

英国福斯湾铁路桥是铁路桥梁史上的里程碑，是世界上最长的多
跨悬臂桥。启用以来一直在通行客货火车，是列入世界遗产名录的历
史古迹。

◆ **福斯公路桥**

于 1958 年动工兴建，1964 年 9 月竣工通车。主跨为 408 米 +1006
米 +408 米的悬索桥，双向 6 车道。主缆直径为 590 毫米，由 11618 根
直径为 4.98 毫米的高强钢丝，采用空中编缆法制成。每根主缆承受 1.38
万吨拉力，端部锚固在长达 79 米的隧道中。钢桁架主梁，梁高 8.4 米。
桥塔高出水面 150 米，采用高强钢板材焊接而成，板材的最大厚度为
25 毫米。全桥的用钢量达 4 万吨。

福斯公路桥通车 50 多年间，经过多次较大的防护维修。1996 年，
为两个主塔桥墩修筑了防撞围栏，接着为两个主塔进行结构加固，以适
应车流量和重车的增多。1998 ～ 2000 年，大桥的全部吊杆在维持大桥
通车的状态下全部更换。2004 年，福斯公路桥密封的主缆被打开检查
其中钢丝的锈蚀程度。当时的检查结论认为，8% ～ 10% 的主缆钢丝因

腐蚀而丧失了承载力。大桥管理当局为防止主缆锈蚀的加剧，在主缆上安装了除湿设备。为疏解大桥日益增加的交通量，开始筹建福斯湾第三座大桥——昆斯费里大桥。

◆ 昆斯费里大桥

三塔单索面斜拉桥。原名福斯替换桥。立项之初，根据福斯公路桥的主缆首次检查，大桥必须在 30 年内退役，尽快建造一座新桥替换福斯公路桥。随后，经过对福斯公路桥维修加固效果的评估，福斯公路桥可以在减小重载车辆的情况下继续使用。于是，新桥的功能进行了调整，不再是旧桥的替换，而是旧桥重载车辆的分流通道。

昆斯费里大桥

昆斯费里大桥 2011 年夏季开工，2016 年夏季通车。全长 2700 米，两个相等主跨 650 米，两侧的边跨分别为 221 米和 104 米。塔高 207 米，上塔柱 145 米。钢箱梁与混凝土桥面结合形成叠合梁，双向 4 车道，两侧另有硬路肩为应急车道。部分斜拉索在两个主跨中部形成交叉，这种创新的拉索布置方式为主梁和桥塔提供了额外的强度和刚度，使桥梁更显优雅。拉索的更换作为桥梁常规维修的一部分，可以在不封闭桥梁的状态下进行。

桥上安装的风屏障，可在福斯湾频繁出现的大风天气中，仍然保证重载车辆的安全通行而不必关闭桥梁。

悉尼港桥

悉尼港桥是位于澳大利亚悉尼港的大跨度钢拱桥。

全长 1149.1 米，主跨 503 米，居世界拱桥的第七位，但承载能力大。建于 1924～1932 年。英国人 R. 弗里曼设计，道门郎公司建造。桥型为双铰钢桁拱桥。拱桁高度：拱顶处为 18.29 米，拱脚处为 57.25 米，两拱肋的中距为 30 米。用钢量 3.8 万吨，其中硅钢 2.6 万吨。桥面总宽 48.8 米，沿桥中线设 17.4 米宽的公路车行道，每一拱肋的两侧各设有轨电车线一条（全桥共 4 条），另有各 3.05 米宽的两条人行道。钢拱上弦为反弯曲线，两端各有一造型简朴的桥头建筑。21 世纪以来加建平行的海底沉管隧道，即以一桥头建筑为通风塔。桁桥从两岸各半拱用回拉索伸臂安装，中间合龙。

悉尼港桥位置的重要性、造型的完美及其结构能承载的重量，使其仍居于世界钢桁拱桥的前列。特别是与悉尼歌剧院交相辉映，令人称颂。

克尔克桥

克尔克桥位于克罗地亚萨格勒布西南，是连接大陆和亚得里亚海上克尔克岛的公路和管道两用桥。世界大跨度钢筋混凝土拱桥。又称铁托桥。

建于 1976～1980 年。全桥由跨度 390 米（大陆至圣马尔科岛）和 244 米（圣马尔科岛至克尔克岛）的两孔钢筋混凝土上承式拱桥组成。两孔拱桥相距仅 235 米，在圣马尔科岛上用一段 96 米长的公路连接。

桥面宽 11.4 米，设有双车道，桥面下敷设 61 ～ 91 厘米油管、46 厘米输水管及工业管道共 20 条。拱桥的宽度与跨度之比仅及 1/30，异常纤细，是该桥的设计特点。拱圈为单箱三室截面，用预制构件从两端悬臂拼装，至跨中合龙。跨度 390 米的主拱，其拱趾设在有撑杆的水中斜墩上，基础采用半浮运的气压沉箱。拱上结构为空腹梁柱，柱距约 33 米，较一般为大，故全桥甚为通透。

乔治·华盛顿大桥

乔治·华盛顿大桥是世界上第一座跨度大于 1000 米的悬索桥。位于美国纽约市区，跨越哈德逊河。

乔治·华盛顿大桥

1927 年 5 月破土开工，1931 年 10 月建成。1946 年，在上层加宽了两车道，1962 年，下层开始通行。上层有双向共 8 线道，下层有双向共 6 线道，总共有 14 线道。除了车行道之外，另外在桥的两侧还有两条人行道。

全桥分为 3 跨，从左侧新泽西岸到右侧纽约岸的三跨跨度为 185.9 米 +1066.8 米 +198.1 米（610 英尺 +3500 英尺 +650 英尺）， 全长 1450.8 米（4760 英尺）。主跨的主缆跨中垂度为 99.06 米（325 英尺），矢跨比为 1/10.77。桥下通航净空为 75.59 米（248 英尺）。

桥塔的横向在总体上成为双层门形构架。此构架两侧的每个塔柱横截面由 8 根钢立柱组成，其排列为 2 根（横向）×4 排（纵向），每个塔柱的 8 根钢立柱在纵横双向均有 12 组交差斜杆连接，形成立体的桁架式塔柱。内外侧钢立柱的横向中心跨从上到下都是 32.31 米，它与左右两对主缆的中心距吻合。两根外立柱的横向中心跨在下端为 61.3 米，由于略带倾斜而在上端内缩为 55.7 米。每个桥塔的用钢量约为 20550 吨。

乔治·华盛顿大桥共有 4 条主缆，即左右两侧每侧各设有 1 对主缆。左右两对主缆的横向中心距为 32.31 米，4 条主缆同时采用空中编缆法（AS 法）编制，共用直径 5 毫米钢丝约 25680 吨。

加劲梁采用华伦式钢桁梁，节间长度与桁高均为 9.144 米，桁宽为 32.31 米。上下大横梁设在华伦式桁架的大节点处，间距为 18.29 米（60 英尺）。4 股骑跨式吊索的吊点也设在上弦大节点处，故吊索的纵向间距也是 18.29 米。加劲钢桁梁的耗钢为：1931 年上层桥面开通时共用钢 17500 吨，1962 年扩建下层桥面用钢约 11300 吨，前后共用钢 28800 吨。

亨伯大桥

亨伯大桥是横跨英国亨伯河的大桥，建成时为世界最大跨度的悬索桥。

位于河北岸的赫斯尔和南岸的巴顿之间。北岸边跨长 280 米，南岸边跨长 530 米，大桥全长 2220 米，桥塔采用由横梁联系的钢筋混凝土空心双塔柱，高 155.5 米，塔柱呈锥坡，其截面尺寸从塔底 6 米 ×6 米渐变到塔上 4.75 米 ×3.90 米，采用滑升模板施工，在当时是世界上首次将混凝土结构的桥塔用在千米以上跨度的桥梁中。主缆由平行的14948根直径为5毫米的镀锌高强钢丝组成,每404根钢丝编成一根股绳,用钢1.1万吨,采用空中编缆法架设。吊索是由直径约为62毫米的冷拉钢丝组成的股绳,在桥的纵向倾斜布置,以有利于阻尼,并且抗风稳定性也较好。由于纵桥向倾斜的吊索的应力幅远高于竖直的吊索,从该桥以后,在大跨度悬索桥中,再没有采用纵桥向设置斜吊索的桥例。

主缆的锚固体为两室的混凝土结构,在室内,主索先由钢鞍支承,然后分散成数股锚于室后的锚体内。北岸锚固体位于地面下21米处的白垩土中,南岸锚固体筑于地面下35米处的网格结构上。

全桥桥面宽28米,包括行车道宽22米;两边悬臂板人行道和自行车道各宽3米。加劲梁为宽22米、高4.5米、横截面呈梯形的钢箱梁。每个箱梁预制节段长18.1米,平均重约135吨,由加劲的钢板组成。钢箱梁的吊装自主跨跨中和主缆锚固处同时开始,向着塔柱方向进行。预制节段从河北浮运至安装地点,用设于主缆上的吊车,或设置在塔顶、塔底和锚固处的绞车进行吊装。节段拼装时先临时连接,再行焊接。钢箱梁采用正交异性钢桥面板,上铺38毫米厚的沥青砂桥面铺装层。

北墩基础为筑在白垩土上的重力式钢筋混凝土板,尺寸为44米×16米×11.5米。位于河湾的南墩基础为筑在河床下33米深处黏土中的两孔直径24米的沉井。沉井施工采用围堰内筑岛下沉的方法。

工程于1973年3月开工,1980年底建成,1981年7月通车。

卢纳大桥

卢纳大桥是世界大跨度（主跨 440 米）公路预应力混凝土斜拉桥。

位于西班牙西北部的莱昂市近郊，跨越卢纳湖，1983 年 8 月建成时为世界上主跨最大的斜拉桥，最大特点是采用平衡重锚固桥台，并以部分地锚的方式来解决边跨与主跨比值太小的难题。

该桥由 107.7 米 + 440.0 米 + 106.9 米共 3 跨组成，边跨和桥台固结，中跨无索区设一个剪力铰。为了避开 50 米的水深和不良地质条件，采用了较大的中跨；又因主梁采用悬臂浇筑法施工（平均每周可浇筑两个节段合 8.16 米），采用了长度分别为 36.233 米和 41.400 米、混凝土用量达 1 万立方米、重达 2.5 万吨的起平衡作用和锚固部分斜拉索的重力式桥台，桥台内部设置了锚固斜拉索的工作通道以便张拉、锚固及更换斜拉索，并配置了预应力钢筋，形成三向预应力混凝土结构。

主梁采用形状扁平、带斜腹板的单箱三室封闭式箱梁，梁高仅 2.5 米，跨高比为 176；宽 22.5 米，宽高比为 9。在中跨的中部因轴向压力较小，为减轻自重，采用了半封闭式的箱形截面，中间箱底板最大开口宽度为 4.3 米。

塔墩在基础顶面以上高达 102.5 米，塔顶高出桥面约 90 米，立面上呈柱型，横桥向采用斜腿门型塔柱，有两道横撑，具有较好的抗风稳定性。80% 高度的塔墩采用提升式模板施工。

斜拉索的布置为双索面非对称扇形密索体系，每塔每柱在主跨一侧从上到下共有 34 根斜拉索，边跨一侧从上到下共有 21 根斜拉索（大部分锚固于重力式桥台），每根斜拉索由 31 ~ 80 根直径 15.2 毫米的钢绞线组成，钢绞线则由 7 根钢丝组成。斜拉索外套壁厚 5.5 毫米的聚乙烯管，内注水泥砂浆防锈。缆索索距为 8.16 米，采用 BL（barrios de luna）型锚具，具有耐疲劳、可以现场制造的优点。为了加大中跨的刚度，位于边跨桥台平衡重部分的斜拉索，按 45° 倾斜角布置。

诺曼底大桥

诺曼底大桥位于法国北部诺曼底地区，是跨越塞纳河的一座双塔斜拉桥。

主跨 856 米。大桥于 1988 年开工，1995 年 1 月 20 日正式通车。

两座混凝土桥塔高 215 米，耸立在相当于 20 层高楼的基座上。主桥中跨主梁 624 米为扁平钢箱梁，其余为混凝土梁，多边跨主梁也采用混凝土梁，包括两端引桥总长 2200 米。主桥采用悬臂施工，引桥采用顶推施工。全桥造价 32 亿法郎。斜拉索由平行钢丝索组成，最大直径 16.8 厘米，共 184 根。为避免索面内斜拉索振动，在每个索面内布置了 4 对直线交叉连接索，并在斜拉索下端安装了阻尼器。

诺曼底大桥

诺曼底大桥，以其细长的结构和典雅

的造型而著称，被国际桥梁与结构工程协会评为"20 世纪世界最美的桥梁"。

明石海峡大桥

明石海峡大桥是连接日本本州与四国岛的悬索桥。位于日本神户市与淡路岛之间的明石海峡上，实现了日本人一直想修建桥梁连接 4 大岛（本州、九州、北海道和四国）的愿望。为保障宽 1500 米、高 65 米的主航道通航要求，该桥设计为主跨 1990 米，后因神户地震的影响，变为 1991 米。总投资约 40 亿美元。桥长 3911 米，为 960 米 +1991 米 +960 米的 3 跨双铰加劲钢桁梁悬索桥，按承受里氏 8.5 级强烈地震和抗 80 米 / 秒暴风设计。

桥塔高约为 283 米，每座桥塔由两根略带倾斜的十字形空心大格室钢柱、5 组交差式斜杆以及两道横梁连接后组成。两塔柱的中心距为 46.5 米（底部）～ 3.55 米（顶部）。十字形塔柱截面的轮廓尺寸横向从底到顶都为 6.6 米，纵向从底部的 14.8 米向上逐渐缩减到顶部的 10.0 米。塔柱的各个空心大格室均布置有竖向加劲肋。桥塔用日本的 SM570 钢材制造，两塔共耗钢 4.62 万吨。

全桥有两根主缆，采用 PS 法施工，矢跨比为 1/10，每根主缆由 290 根索股组成，每根索股由 127 根直径 5.23 毫米的钢丝组成，成桥后的主缆直径为 1.12 米，全桥总共用钢丝 5.77 万吨。

大桥的长吊索采用平行钢丝制造,短吊索采用碳纤维加劲缆索制造。吊索与加劲梁的连接方式分别为平行钢丝用铰接、碳纤维加劲缆索用锚杯承压。因此在加劲梁架设过程中的引拉方式也不同。长度为 10～40 米的吊索称为短吊索，10 米以下的称为超短吊索。在短吊索区间与超短吊索区间架设加劲桁梁的平面构架单元时，分别采用特殊的扁担梁（人字形平衡扁担梁，上下扁担梁以及 C 形扁担梁）。

钢桁架上层设 6 车道，通航净空高为 65 米，下层架设自来水管路、通信线路和输电线路，神户一侧的桁架内还设置了观景设施。桁宽 35.5 米，桁高 14.0 米，由两片主桁梁及桁架式横梁以及横梁上的桥面系等组成。钢桁梁的小节间长度为 14.2 米，大节间长度为 28.4 米。钢桁梁采用低碳钢 SS400 及高强钢 HT780 制造，共耗钢达 89300 吨。

大桥的北锚碇由于采用地下连续墙防水而修建于神户层（洪积砂砾）。地下连续墙为一圆筒形基础，外周直径 85.0 米，高 75.5 米，墙高 2.2 米，墙底标高约为 -73.0 米。施工时在地下连续墙完成后的圆筒内以深井降水进行开挖。开挖深度于地下连续墙底约 12.0 米，即开挖到标高约为 -73 米 +12 米 = -61.0 米处，然后用 26 万立方米碾压混凝土进行填充，再在其上面用 23 万立方米高流动性混凝土修建锚碇。大桥的南锚碇直接修建在花岗岩层上，基底做成梯形，最深的基底标高约为 -23.5 米。整个南锚碇共用混凝土 15 万立方米。

明石海峡大桥于 1998 年 4 月建成通车，施工工期 10 年。截至 2017 年，该桥是世界上主跨最长的悬索桥。

多多罗大桥

多多罗大桥是 1995～2008 年世界上主跨最长的超大型斜拉桥。

位于日本濑户内海，本州岛和四国岛之间的联络线上，连接广岛县的生口岛及爱媛县的大三岛，并将本州的广岛市和四国的松山市的公路交通连接起来。大桥全长 1480 米，主跨 890 米，主梁为钢箱梁。

多多罗大桥跨径布置 270 米 +890 米 +320 米，是一座三跨连续钢箱梁与混凝土梁混合斜拉桥。设计车速 80 千米 / 时，双向 4 车道，桥宽 24 米；设计汽车活载为 B 活荷载；桥下通航净空 26 米；拉索设计风速 53.7 米 / 秒，主梁设计风速 46.1 米 / 秒，桥塔设计风速 54.4 米 / 秒。主墩采用沉箱基础；桥塔为倒 Y 形钢质单箱塔，塔高 224 米；拉索为双索面扇形布置，全桥 168 根，由直径 7 毫米的镀锌平行钢丝束组成；主梁为单箱三室扁平宽箱梁，梁高 2.7 米；

大桥于 1999 年 5 月 1 日竣工通车。

大带东桥

大带东桥是三跨连续加劲梁公路悬索桥，是跨越丹麦大带海峡连岛工程的一部分。又称大带桥。

全长为 6790 米，其中悬索桥主缆分跨为 535 米 +1624 米 +535 米，两端多跨高架引桥的长度分别是 2.5 千米和 1.5 千米，引桥跨径为 193 米。桥面宽度为 31 米，高 4.0 米，通行 4 车道加两条紧急车道。桥塔高度为 254 米，是丹麦的固定建筑的最高点。东桥锚碇结构形式独特，由锚室、散索鞍以及两者间的中空结构组成。

主缆采用空中编缆（AS）法架设，矢跨比为 1/9，直径为 0.827 米，由 37 股钢丝索组合而成，每股钢丝索还有 504 根直径 5.38 毫米的钢丝，每根主缆共有钢丝 18 648 根。吊索采用有 PE 层保护的镀锌平行钢丝索，上端用钢销与主缆索夹铰接，下端用螺帽以承压方式与加劲梁连接。吊索间距为 24 米，在不中断交通的情况下，可同时更换两根吊索，即使两处 4 根吊索连续遭到破坏，也不会引起加劲梁的应力上的问题。

上部结构采用流线型钢箱梁，使用的材料为 Fe510D 高强钢，屈服强度 350 兆帕，抗拉强度 510 兆帕。连续箱梁和索塔间未设竖向支座，从而提高了桥梁通行性能的同时也降低了后期养护的工作量。箱梁在跨中与主缆相连，为了抑制结构位移，梁端还设有液压阻尼器。

该桥建于 1991 ～ 1998 年，是当时世界上第二大跨度悬索桥。

米约大桥

米约大桥是位于法国南部米勒镇附近的公路钢斜拉桥。

横跨塔恩河谷。2001 年 10 月开工，2004 年 12 月通车。

大桥采用大跨多塔斜拉桥结构，7 塔 8 跨，分跨为 204 米 +6×342 米 +204 米，一联长度 2460 米。在 2 号墩处，塔顶至承台顶面的高度为 343 米，桥面高度 277 米，墩高 245 米。主梁采用扁平钢箱构造，箱两侧设置风屏障，全宽 32.05 米。拉索采用钢绞线索，单索面扇形布置。立面上，将桥墩上部一段墩身一分为二分肢斜置，减小因梁部变形对高墩产生的弯矩；配合桥墩构造，钢桥塔采用倒 V 形，通过 4 个球形支座与墩身相连。

大桥的建造综合应用了多种施工技术。对断面为多边形的变截面空心高墩，采用爬模施工。对钢箱梁部，采用工厂制造、大件运输、桥头工地拼装的方法成型；在各跨间设置临时墩，采用双向顶推架设法施工。在钢梁顶推合龙后，通过桥面运输钢桥塔，采用转体架设法就位。

该桥墩高跨长、轻盈挺拔、结构简洁、线条流畅，2006年获国际桥梁与结构工程协会"杰出结构工程奖"。

厄勒海峡大桥

厄勒海峡大桥是从丹麦的哥本哈根到瑞典的马尔默之间跨越厄勒海峡的公铁两用桥。包括双线铁路和4车道公路。

大桥由3部分组成，其中8千米桥梁、4千米人工岛上公路、4千米海底隧道。厄勒海峡大桥主桥跨越弗林特通道，通航净高为56米，采用双塔竖琴式双索面斜拉桥，跨径布置为141米+160米+490米+160米+141米，总长1092米。由于大桥需通行非常重的货运列车和设计速度较高的客运列车，对结构强度和刚度要求严苛，因此采用主跨490米、由两片钢桁架与上层混凝土桥面板组合形成的组合钢桁梁斜拉桥方案，同时采用斜张角度相对较大的竖琴式布置形式，并在边跨设置辅助墩，以满足结构对刚度需求。

厄勒海峡大桥

厄勒海峡大桥引桥为双层桥面组合桁架桥，上层为机动车道，桥面宽23.5米；下层为双轨铁路，采用混凝土结构道床。钢桁架采用等高三角形桁架形式，两片钢桁架中心间距 13.7 米，高 10.2 米。

厄勒海峡大桥主桥采用设置临时墩大节段（120/140 米）整孔吊装，显著地缩短了施工周期。于 1995 年动工，2000 年 7 月通车，建成时是世界上最大跨度公铁两用斜拉桥、跨度最大的组合钢桁梁斜拉桥。

金门大桥

金门大桥是 20 世纪 30 ～ 60 年代世界上最大跨度的悬索桥。

位于美国圣弗朗西斯科(旧金山)。金门大桥南岸连接旧金山的北端，北岸连接加利福尼亚州的马林县，横跨长 1900 多米的金门海峡。大桥于 1933 年 1 月 5 日开始施工，1937 年 4 月完工，同年 5 月 27 日通车。大桥按 6 车道设计，车道宽度 18.28 米，两侧各布置 1 条宽 3.05 米人行道。大桥的桥跨布置为 345 米 +1280 米 +345 米。

金门大桥的主缆采用空中编缆（AS）法架设，矢跨比为 1/8.9，每根主缆由 61 股、每股 452 根直径 4.87 毫米的钢丝组成，单根主缆直径达 0.921 米。吊索形式为竖直的 4 股骑跨式。全桥主缆总共用钢 19600 吨，将吊索及配件计入共 22220 吨。

金门大桥的桥塔为钢结构，高 210 米，左、右两塔柱的中心间距为 27.43 米。塔柱为角钢和钢板组合而成的多室箱型结构，上塔柱采用 4 道横撑相连。桥面以上 3 道横梁之上，通过减少外侧箱室数量的方式来实现塔柱的截面尺寸变化。采用将铆在塔柱纵向腹板上的成对角钢埋入混凝土墩内的方式来实现桥塔的锚固，每根角钢埋入混凝土的深度为 15.8 米。

金门大桥上部结构采用带竖杆的钢桁架。桁架梁高7.6米，节间长7.6米，由2.6米以上的横梁将两片加劲桁联结起来。加劲桁的下弦以斜撑与横梁联结，以1.5米为间距的工字梁作为纵梁，放在横梁之上，纵梁之间再以较小的工字梁作为横撑联结起来。两边跨和主跨的加劲梁在桥塔两侧断开，用连杆的方式与塔架连接。

金门大桥的南、北岸均采用重力式锚碇。其中，北岸锚碇的顶盖板也作为路面板，承受路面荷载，锚碇为桥台状；南岸锚碇的顶面则低于路面很多。

本书编著者名单

编著者 （按姓氏笔画排列）

王序森	王建平	牛 斌	尹德兰
史尔毅	庄卫林	李亚东	李建中
杨詠昕	肖汝诚	吴亮明	吴培峰
沈锐利	张继衡	陈艾荣	邵长宇
范立础	金东灿	周水兴	周外男
周先念	项海帆	赵君黎	胡春农
俞同华	袁国干	钱冬生	高宗余
唐嘉衣	唐寰澄	龚维明	葛耀君
程国庆	黎 晓		